성공회대학교
시민사회복지대학원
전문연구보고서

쉬운 정보(easy read)에 대한
여덟 가지 질문

– 발달장애인을 지원하는 사람과 나누는 이야기

백정연 ▌

목 차

표목차

그림목차

1장

서 론

1절 장애 특성별 정보 접근 지원 방법
2절 발달장애인이 이해할 수 있는 정보의 필요성

1절 장애 특성별 정보 접근 지원 방법

정부는 장애인이 정보 접근에 어려움이 있다는 현실을 인정하고 이를 권리로서 보장하기 위하여 오래 전부터 관련 법률을 마련했다. 우리나라 장애 관련 기본법인 「장애인복지법」 제22조(정보에의 접근)은 장애인이 정보에 접근하고 자신의 의사를 표현할 수 있도록 국가와 지방자치단체가 노력해야 한다고 하였으며, 〈표 1-1〉과 같이 시·청각장애인을 위한 정보 접근 지원 방법에 대해 구체적인 방법을 제시하고 있다.

〈표 1-1〉 장애인복지법 제22조의 내용

제22조(정보에의 접근) ①국가와 지방자치단체는 장애인이 정보에 원활하게 접근하고 자신의 의사를 표시할 수 있도록 전기통신·방송시설 등을 개선하기 위하여 노력하여야 한다. ②국가와 지방자치단체는 방송국의 장 등 민간 사업자에게 뉴스와 국가적 주요 사항의 중계 등 대통령령으로 정하는 방송 프로그램에 청각장애인을 위한 한국수어 또는 폐쇄자막과 시각장애인을 위한 화면해설 또는 자막해설 등을 방영하도록 요청하여야 한다. ③국가와 지방자치단체는 국가적인 행사, 그 밖의 교육·집회 등 대통령령으로 정하는 행사를 개최하는 경우에는 청각장애인을 위한 한국수어 통역 및 시각장애인을 위한 점자 및 인쇄물 접근성바코드(음성변환용 코드 등 대통령령으로 정하는 전자적 표시를 말한다. 이하 이 조에서 같다)가 삽입된 자료 등을 제공하여야 하며 민간이 주최하는 행사의 경우에는 한국수어 통역과 점자 및 인쇄물 접근성바코드가 삽입된 자료 등을 제공하도록 요청할 수 있다. ④제2항과 제3항의 요청을 받은 방송국의 장 등 민간 사업자와 민간 행사 주최자는 정당한 사유가 없으면 그 요청에 따라야 한다.

⑤국가와 지방자치단체는 시각장애인과 시청각장애인(시각 및 청각 기능이 손상된 장애인을 말한다. 이하 같다)이 정보에 쉽게 접근하고 의사소통을 원활하게 할 수 있도록 점자도서, 음성도서, 점자정보단말기 및 무지점자단말기 등 의사소통 보조기구를 개발·보급하고, 시청각장애인을 위한 의사소통 지원 전문인력을 양성·파견하기 위하여 노력하여야 한다.
⑥국가와 지방자치단체는 장애인의 특성을 고려하여 정보통신망 및 정보통신기기의 접근·이용에 필요한 지원 및 도구의 개발·보급 등 필요한 시책을 강구하여야 한다.

또한 모든 생활영역에서 장애를 이유로 한 차별을 금지하고 있는 「장애인 차별금지 및 권리구제 등에 관한 법률(이하 장애인차별금지법)」 제23조(정보 접근·의사소통에서의 국가 및 지방자치단체의 의무)는 정보통신망 및 정보통신기기의 접근 이용에 있어 국가 및 지방자치단체의 역할을 규정하였다.

〈표 1-2〉 장애인차별금지법 제23조의 내용

제23조(정보 접근·의사소통에서의 국가 및 지방자치단체의 의무) ①국가 및 지방자치단체는 장애인의 특성을 고려한 정보통신망 및 정보통신기기의 접근·이용을 위한 도구의 개발·보급 및 필요한 지원을 강구하여야 한다.
②정보통신 관련 제조업자는 정보통신제품을 설계·제작·가공함에 있어서 장애인이 장애인 아닌 사람과 동등하게 접근·이용할 수 있도록 노력하여야 한다.
③국가와 지방자치단체는 장애인이 장애의 유형 및 정도, 특성에 따라 한국수어, 구화, 점자 및 인쇄물 접근성바코드가 삽입된 자료, 큰문자 등을 습득하고 이를 활용한 학습지원 서비스를 제공받을 수 있도록 필요한 조치를 강구하여야 하며, 위 서비스를 제공하는 자는 장애인의 의사에 반하여 장애인의 특성을 고려하지 않는 의사소통양식 등을 강요하여서는 아니 된다.

하지만, 장애인복지법과 장애인차별금지법 모두 시·청각장애인을 위한 정보 접근 지원 방법은 구체적으로 명시되어 있지만, 발달장애인을 위한 정보 접근 지원은 전혀 고려하지 않고 있음을 〈표1-3〉을 보면 알 수 있다. 이는 정보 접근 지원에 있어 장애 특성에 맞는 적절한 지원이 아직 부재하며, 한편으로는 정보 접근·활용 방식을 단편적으로만 바라보고 다양한 방식을 존중하지 않는 사회의 협소함을 여실히 드러내는 결과라 생각한다.

<표 1-3> 장애 유형과 정보 접근 지원 방법

주요 법률		장애 유형		
		시각장애	청각장애	발달장애
장애인 복지법	제22조	점자 또는 점자·음성변환용 코드가 삽입된 자료, 점자도서, 음성도서	수화통역	없음
장애인 차별 금지법	제20조	점역, 점자교정, 대필	수화통역, 낭독	없음
	제21조		문자, 수화, 수화통역사·문자통역사·음성통역사·보청기기	
	제23조	점자, 점자음성변환용 코드가 삽입된 자료, 큰문자	수화, 구화	

(강정배, 2015)

이러한 상황 속에서 2015년 11월 시행된 「발달장애인 권리보장 및 지원에 관한 법률(이하 발달장애인법)」에는 발달장애인의 정보 접근과 관련한 규정이 마련되었다. 발달장애인의 정책 정보 접근 보장을 위하여 정부와 지방자치단체의 의무를 규정하였고, 동법 시행령에서는 정책 정보의 범위와 함께 의사소통 도구 개발 및 관련 전문 인력 양성, 민원담당 직원 대상 의사소통 지침 개발 및 교육을 시행하도록 규정하였다.

<표 1-4> 발달장애인법 제10조 및 동법 시행령 제4조, 제5조, 제6조의 내용

제10조(의사소통지원) ① 국가와 지방자치단체는 발달장애인의 권리와 의무에 중대한 영향을 미치는 법령과 각종 복지지원 등 중요한 정책정보를 발달장애인이 이해하기 쉬운 형태로 작성하여 배포하여야 한다.
② 교육부장관은 발달장애인이 자신의 의사를 원활하게 표현할 수 있도록 학습에 필요한 의사소통도구를 개발하고 의사소통지원 전문인력을 양성하여 발달장애인에게 도움이 될 수 있도록 「초·중등교육법」 제2조 각 호의 학교와 「평생교육법」 제2조제2호의 평생교육기관 등을 통하여 필요한 교육을 실시하여야 한다.
③ 행정안전부장관은 국가와 지방자치단체의 민원담당 직원이 발달장애인과 효과적으로 의사소통할 수 있도록 의사소통 지침을 개발하고 필요한 교육을 실시하여야 한다.
④ 제1항부터 제3항까지에 따른 정책정보의 작성 및 배포, 의사소통도구의 개발·교육 및 전문인력 양성, 민원담당 직원에 대한 의사소통 지침 개발 및 교육 등에 필요한 사항은 대통령령으로 정한다.

제4조(정책정보의 작성 및 배포) ① 국가와 지방자치단체는 법 제10조제1항에 따라 작성하고 배포하여야 하는 중요한 정책정보에 다음 각 호의 사항을 포함시켜야 한다.
1. 발달장애인의 권리와 의무에 중대한 영향을 미치는 법령으로서 보건복지부장관이 정하는 법령에 관한 사항
2. 발달장애인에 대한 보육, 교육, 고용, 의료, 문화, 예술, 여가, 체육, 소득보장 및 주거복지지원 등에 관한 정책정보로서 보건복지부장관이 정하는 발달장애인의 권리와 의무에 중대한 영향을 미치는 정책정보에 관한 사항
② 국가와 지방자치단체는 제1항에 따른 정책정보를 작성하는 경우에 발달장애인의 특성을 고려하여 보건복지부장관이 정하는 기준에 따라 작성하여야 한다.
③ 국가와 지방자치단체는 발달장애인의 특성을 고려하여 서면 또는 전자적 방식 등으로 정책정보를 배포할 수 있다.

제5조(의사소통도구의 개발·교육 및 전문인력 양성) ① 교육부장관은 법 제10조제2항에 따라 발달장애인이 자신의 의사를 원활하게 표현할 수 있도록 「장애인 등에 대한 특수교육법」 제28조제4항에 따른 보조공학기기 등(이하 "보조공학기기등"이라 한다)을 개발하여 발달장애인에게 보급하여야 한다.
② 교육부장관은 제1항에 따라 보조공학기기 등을 개발하는 경우에 「장애인복지법」 제65조제2항에 따라 보건복지부장관이 정하여 고시하는 장애인 보조기구의 품목·기준 및 규격을 고려하여야 한다.
③ 교육부장관은 「장애인 등에 대한 특수교육법」 제8조제1항에 따른 특수교육교원의 교육 및 연수 과정에 의사소통도구 활용 방법 등의 내용을 포함시켜야 한다.
④ 교육부장관은 법 제10조제2항에 따른 의사소통지원 전문인력을 양성하기 위한 전문인력 양성 과정 등에 관하여 필요한 사항을 정하려는 경우에는 보건복지부장관과 협의하여야 한다.

제6조(민원담당 직원에 대한 의사소통 지침 개발 및 교육) ① 행정안전부장관은 법 제10조제3항에 따라 개발하는 민원담당 직원에 대한 의사소통 지침에 다음 각 호의 사항을 포함시켜야 한다. <개정 2017. 7. 26.>

정부와 지자체가 발행하는 정책 정보를 발달장애인이 이해하기 쉽게 제공해야 한다고 규정한 이 법률은 발달장애인의 정보 접근을 권리로 인정하고, 필요한 정책적 조치를 마련한 국내 최초의 법으로서 의미가 깊지만, '어떤 종류'의 정책 정보를 '어떻게' 쉽게 제공해야 하는지 구체적인 내용은 규정되지 않았다. 시행령 제4조 제1항과 제2항에서 구체적인 사항을 보건복지부장관이 정하도록 하였으나, 법 시행 후 5년이 지난 지금까지 아무 논의된 바가 없다. 또한, 정부와 지자체의 의무사항으로 규정되었지만, 이를 준수하지 않을 경우에 대한 제재 조항이 없어 법적 실효성은 매우 미미하다.

이러한 법적 한계에도 불구하고, 발달장애인을 지원하는 현장은 발달장애인법 시행 이후 쉬운 정보 확산이 활발하게 이뤄지고 있다. 현장에서 발달장애인을 지원하는 사람들은 법적 규정과 무관하게 발달장애인에게 쉬운 정보가 정보 접근 지원 방법으로서 필요하고, 실제 의미 있게 활용되는 것을 체감하고 있기 때문이다.

2절 발달장애인이 이해할 수 있는 정보의 필요성

우리의 일상은 수많은 정보를 접하고 선택과 결정이 반복되는 시간의 연속이다. 마주하게 된 정보를 얼마큼 이해하고 나의 조건과 환경, 선호에 맞는 결정을 했느냐는 단순한 선택을 넘어 내가 원하는 방향의 삶을 사느냐, 즉 삶의 질과도 연결된다. 또한 일상을 영위하기 위한 기본적인 의식주 생활에서도 정보의 이해와 선택이 전제되기 때문에 정보 접근·활용은 삶을 유지하기 위한 필수적인 과정이라 할 수 있으며, 코로나19와 같은 감염병 시대에 접하는 정보는 건강과 안전을 확보하는 중요한 수단이 되기도 한다.

그렇다면 이렇게 일상의 모든 순간에 마주하게 되는 정보는 모든 사람에게 공평하게 주어질까?

발달장애인은 지적 기능과 적응 행동상의 어려움을 갖고 있어 일상생활과 사회활동에 있어 장애 특성이나 정도에 맞는 적절한 지원이 필요하다. 하지만 우리사회에는 지원을 통한 일상생활 및 사회활동의 가능성보다 발달장애인에 대한 부정적 편견이 상존하고 있다. 이러한 이유로 발달장애인은 일상생활 및 교육과정에서 늘 소외돼 왔으며, 정보 습득 능력이 부족하다는 이유로 사회가 새로운 정보를 이들에게 제공하는데 소극적이었다. 이로 인해 발달장애인은 급변하는 사회의 주요한 정보를 활용하여 사회에 적응해 가는데 어려움을 갖게 되었다(한국지적발달장애인복지협회, 2015).

이러한 정보 접근의 어려움은 발달장애인의 삶 전반에 영향을 미친다. 식당에서 원하는 메뉴를 선택하는 소소한 일상에서 부터 자신에게 필요한 교육·복지서비스를 선택하고 이용하는 순간까지, 그 영향을 미치는 범위는 매우 다양하고 다채롭게 존재한다. 또한 모든 순간 필요한 정보를 접하고 활용할 수 있어야 하지만 특히, 아래와 같이 발달장애인과 가족에게 중요한 변화가 있는 시점에 정보에 대한 접근은 더욱 중요하다(Mencap, 2010).

- 학교를 졸업하거나 취업을 할 때
- 새로운 거주지를 구할 때
- 성관계를 할 때
- 결혼할 때
- 부모가 될 때
- 가족의 보호자가 될 때
- 퇴직할 때

최근 공공서비스 전반에 걸쳐 발달장애인이 접근할 수 있는 정보가 필요하다는 인식과 요구가 증가하고 있다. 발달장애인이 자신의 삶에 있어 더 많은 선택과 통제를 할 수 있고, 평등한 시민으로 살아가기 위해서는 정보가 중요한 역할을 한다는 인식이 확산되었기 때문이다(Mencap, 2010).

이런 현실과 요구에 조응하듯 최근 국내에 발달장애인의 정보 접근을 지원하는 방법으로서 쉬운 정보의 제작·활용이 급속도로 확대되고 있다. 불과 몇 년 전만 하더라도 쉬운 정보는 발달장애인 지원 현장에서 조차 생소한 개념이었으나, 최근에는 관련 주제로 현장 실무자 대상 교육 등이 이루어질 뿐 아니라 다양한 주제의 쉬운 정보가 실제 제작·활용되고 있다. 이는 시·청각장애인 중심의 '단편적'인 정보 접근 지원이 이루어졌던 사회에서 다양한 지원 방식의 필요성을 인정하는 의미 있고 긍정적인 변화라 생각한다.

　다만 아쉬운 점은 '쉬운 정보'가 구체적으로 무엇인지 정책적·사회적 차원의 연구나 합의가 부족한 상황에서 현장 중심의 필요에 의해 확산되다보니 쉬운 정보가 지녀야 할 방향과 가치가 왜곡될 수 있다는 것이다. 쉬운 정보가 발달장애인의 알 권리를 위해 의미 있게 활용되기 위해서 어떠한 과정과 절차를 거쳐야 하는지, 그 과정에서 반드시 중심을 잡아야 하는 중요한 가치는 무엇인지, 그렇게 만들어진 쉬운 정보가 의미 있게 활용되기 위해서 발달장애인을 지원하는 사람들은 어떠한 노력을 해야 하는지 깊게 고민하기 보다는 기관의 평가나 실적 등을 위해 쉬운 정보의 '외형적 모습'에 치중하는 것이다.

　이 연구보고서에서는 발달장애인을 위한 쉬운 정보(easy read)와 관련된 여덟 가지 주제에 대해 이야기한다. 이를 통해 발달장애인을 지원하는 사람들이 쉬운 정보를 제작·활용하는데 필요한 기본적인 이해를 돕고자 하며, 더 나아가서는 쉬운 정보 제작 과정에서 갖추어야 할 중요한 가치와 태도를 가질 수 있는데 기여하고자 한다.

2장

발달장애인과 쉬운 정보

1절 독자로서의 발달장애인

1. 발달장애의 제도적 개념

발달장애인은 「장애인복지법」상 지적장애인과 자폐성장애인을 말한다. 동법 제2조 제1항은 지적장애인은 '정신 발육이 항구적으로 지체되어 지적 능력의 발달이 불충분하거나 불완전하여 자신의 일을 처리하는 것과 사회생활에 적응하는 것이 곤란한 사람'으로, 자폐성장애인은 '언어·신체표현·자기조절·사회적응 기능 및 능력의 장애로 인하여 일상생활이나 사회생활에 상당한 제약을 받아 다른 사람의 도움이 필요한 사람'으로 규정하였다.

「장애인 등에 대한 특수교육법」 제15조에서는 특수교육대상자 선정기준을 정의하고, 동법 시행령 제10조에서 지적장애인은 '지적기능과 적응행동의 어려움으로 교육적 성취에 어려움이 있는 사람'으로, 자폐성장애인은 '사회적 상호작용과 의사소통의 결함과 제한적, 반복적 행동으로 일상생활 적응에 도움이 필요한 사람'으로 규정하였다(성명진, 2019).

<표 2-1> 국내 법률상 발달장애인의 정의

장애	장애인복지법	장애인 등에 대한 특수교육법
지적 장애	정신발육이 항구적으로 지체되어 지적 능력의 발달이 불충분하거나 불완전하고 자신의 일을 처리하는 것과 사회생활에 적응하는 것이 상당히 곤란한 사람	지적 기능과 적응행동상의 어려움이 함께 존재하여 교육적 성취에 어려움이 있는 사람
자폐성 장애	소아기 자폐증, 비전형적 자폐증에 따른 언어·신체표현·자기조절·사회적응기능 및 능력의 장애로 인하여 일상생활이나 사회생활에 상당한 제약을 받아 다른 사람의 도움이 필요한 사람	사회적 상호작용과 의사소통에 결함이 있고, 제한적이고 반복적인 관심과 활동을 보임으로써 교육적 성취 및 일상생활 적응에 도움이 필요한 사람

(장애인복지법 시행령. 2017. 10. 31. 대통령령 제28410호.)
(장애인 등에 대한 특수교육법 시행령. 2017. 7. 26. 대통령령 제28211호.)

2. 발달장애의 특성

쉬운 정보를 이해하고 활용하기 위해서는 우선 주 독자인 발달장애인에 대한 이해, 특히 발달장애인의 문해력에 대한 고려가 우선되어야 한다. 발달장애인은 문해력 발달에 있어서 비장애인과 비슷한 발달과정을 거치지만, 양적·질적으로 차이를 보여(여광응 외, 1993), 독립적으로 정보를 읽고 이해하는 데 어려움을 가진다. 또한 발달장애를 가진 사람은 다른 사람들에 비해 단순한 글을 읽는데 시간이 더 오래 걸리고, 정보 이해에 오류가 많으며, 해당 정보와 관련된 질문을 했을 경우 답하기 어려워한다(Karreman et al., 2007). 손지영(2013)에 따르면 정보 이해에 영향을 미치는 발달장애의 특성은 <표 2-2>와 같다.

<표 2-2> 발달장애의 특성

구분	내용
인지적 특성	• 장기기억 및 단기기억의 어려움 • 동기가 높지 않거나 동기유발에서의 어려움 • 누적된 실패 경험으로 인한 '학습된 무기력(learned helplessness)' • 낮은 초인지 능력(어떤 문제를 해결, 수행하기 위해 어떤 전략을 사용할지 결정하는 능력)으로 자기조절 어려움 • 관찰이나 모방을 통한 모방학습 • 과도한 일반화나 일반화 부족의 문제 • 낮은 학업 성취도
심리·정서적 특성	• 위축된 사회적 상호작용 • 빈약한 자아개념 형성 • 부정적인 사회성 발달 • 사회적 단서에 대한 주의 및 성공적 대화기술 부족 • 발달 수준에 적절한 또래 관계의 결여 • 즐거움, 관심 또는 성취에 대한 자발적 공유 부족 • 사회적 또는 정서적 상호작용의 결여
읽기 및 문해 관련 특성	• 읽기 기능을 습득하는 속도가 느림 • 음소지각 능력과 단어 해독 능력이 낮음 • 내용 이해 보다 단어를 발음하는 데에 더 신경을 씀 • 복잡한 문법 법칙을 습득하는데 어려움 • 정보 이해, 습득, 활용에 어려움 • 정보 통합의 어려움

(손지영, 2013)

3. 정보처리에 있어서 발달장애인이 갖는 어려움

정보처리는 집중하기, 변별하기, 조직하기, 인출하기의 4단계로 이루어지는데 일반적으로 발달장애인은 정보처리에 있어 다음과 같은 어려움을 갖는다(한국지적발달장애인복지협회, 2013).

첫째, 주의를 유지할 수 있지만 참여할 자극을 찾아 선택하는 것에 어려움을 갖는다.

둘째, 유사점과 차이점을 구별하는데 어려움을 갖는다. 일반적으로 발달장애인은 관련된 단서를 식별하고, 과제를 모든 차원에 집중하는 능력에 제한되어 있다.

셋째, 저장정보에 대해 조직하고 범주화하는데 상당한 어려움을 갖는다. 단적으로 낱말과 개념들을 다른 하나의 낱말과 개념에 연결하는 전략에 의존하지 않으며, 또한 쉽게 인출하기 위해 정보를 자발적으로 시연하지도 않는다.

넷째, 기존에 저장되어 있던 정보를 기억하고 인출하는 것이 발달장애인에게 부족하거나 매우 느리게 작동한다. 정보를 조작하는 능력이 부족한 것이 이러한 수행을 심화시킨다. 일반적으로 시연함으로써 정보를 저장하는 것이 보통이나 발달장애인은 자발적으로 이러한 전략을 사용하지 못한다.

다섯째, 발달장애인은 시각 정보 보다는 청각 정보, 특히 언어적인 투입에 보다 어려움을 갖는다. 언어적 정보를 수용하는 것은 동시적 통합이 즉각적으로 일어나며, 이것으로 종합적인 의미를 추출해 낸다. 연속적 통합은 선형적이며 한 번에 하나씩 발생한다. 발달장애인은 두 가지 형태의 정보 통합에 모두 어려움을 갖는다.

'2017년 충북발달장애인 정보접근성 향상을 위한 실태조사' 결과에 따르면 장애인복지 정보의 전달문제의 원인에 대해 '전달 내용이 이해하기 어려움'이 32.3%, '구체적인 방법을 알지 못함'이 19.2%, '정책용어를 이해하기 어려움'이 15.1%로 나타나 내용을 이해하기 어렵거나 서비스 신청이 어려운 것이 문제라고 생각하는 사람이 66.6%인 것을 알 수 있다.

실제 발달장애인은 자신의 생활영역에서 주체적인 삶을 살아나가는데 필요한 정보의 이해에 많은 어려움을 겪고 있다(한국지적발달장애인복지협회, 2015). 기존에 발달장애인에게 제공된 정보가 발달장애인의 특성을 충분히 고려하지 않았기 때문이다. 시각장애인이 점자를 활용하여 정보를 보고, 청각장애인이 수어로 타인과 소통을 하는 것처럼, 발달장애인에게는 발달장애인의 인지적 특성을 고려한 정보가 제공되어야 한다. 어렵고 복잡한 정보가 아닌, 발달장애인의 문해력 수준에 맞추어 정보를 제공하는 동시에 관심과 흥미를 유발할 수 있어야 한다.

2절 쉬운 정보의 이해

쉬운 정보는 쉬운 글에 보조적 이미지를 더한 정보를 말한다. 여기서 쉬운 글이란 독자가 쉽게 이해하는 데 영향을 미치는 다양한 요소의 최소 기준을 따른 글을 말한다. '쉽다' 는 것은 절대적이고 객관적인 정의를 내리기 어려운, 상대적이고 주관적인 개념이기 때문에 쉬운 정보로서 갖추어야 할 최소한의 원칙을 따랐을 때, 그리고 그 정보를 실제 독자가 쉽게 이해하고 활용할 수 있을 때 비로소 쉬운 정보라 칭할 수 있다.

[그림 2-1] 일반 정보 .vs 쉬운 정보 비교

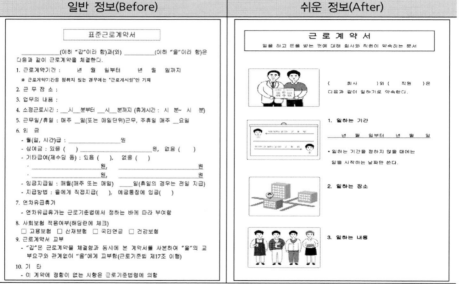

(소소한소통, 2018)

1. 쉬운 정보의 구성요소

쉬운 정보는 크게 쉬운 글과 이미지로 구성되며, 글과 이미지 모두 정보 전달을 목적으로 상호 보완적 역할을 한다.[1] 글과 이미지 외에 디자인, 책꼴, 감수도 정보가 쉬워지는데 영향을 미치는 중요한 요소다.

글

쉬운 정보에서 글은 짧고 쉬워야 한다. 한 문장에는 하나의 정보만 담아야 하며, 일상적인 어휘를 사용하고 전문용어나 한자어, 외래어 등의 사용은 가급적 지양한다. 만약 어려운 해당 어휘가 일상에서 자주 쓰이는 표현이라면 사회와의 소통을 위해 있는 그대로 사용하고, 그 의미를 주석으로 달아 쉽게 설명한다.

쉬운 정보 관련 국내외 가이드에 '글'에 대한 기준은 거의 없다. 다양한 수준의 문해력을 갖고 있는 발달장애인에게 쉬운 정보에서 사용한 어휘가 정말 쉬운지 절대적으로 측정할 수 없기 때문이다. 따라서 쉬운 정보에서 글의 핵심은 어려운 어휘를 쉬운 어휘로 바꾸는 것이 아니라, 알아야 하는 핵심 내용을 쉽게 설명하는 것이다.

이미지

이미지에는 사진, 삽화, 상징이 쓰인다. 이미지의 수, 상징성, 친숙함, 글과의 배치 등이 쉬운 정보에 영향을 미친다. 이미지를 사용할 때는 텍스트 없이도 이미지가 이해되는지, 전달하고자 하는 개념을 이미지가 잘 담고 있는지, 정보를 접하는 사람이 자신의 경험과 이미지를 연결할 수 있는지 등을 확인해야 한다(Access Easy English, 2019).

또한 제공하는 정보에 따라 사진이나 삽화 중 적절한 이미지가 다르다. 특정 인

---

[1] 독자에 따라 이미지 없이 글만으로 정보를 이해할 수도 있고, 반대로 글을 읽을 수 없어 그림만으로 정보를 습득할 수 있는 경우도 있다. 본 연구보고서에서는 쉬운 정보의 주 독자를 글을 읽고 이해하는 기본적인 문해력을 가진 발달장애인으로 국한하고자 한다.

물, 특정 장소, 특정 사물과 같은 구체적이고 명확한 정보는 사진이 적절하고, 글에 맞는 새로운 상황이나 구체적인 설명이 필요한 경우, 정보를 접하는 사람이 경험해 보지 않은 경우 등에는 상황을 구체적으로 설명할 수 있는 삽화가 적절하다. 상징은 기본적으로 상징에 대한 이해와 학습이 전제된 경우가 많아 쉬운 정보에서는 비상구, 화장실 등과 같이 일상에서 대중화된 상징 외에는 가급적 사용하지 않는다.

〈표 2-3〉의 쉬운 정보에서의 글과 이미지의 특징을 보면 글과 이미지가 상호보완적 성격으로 정보 전달을 하고 있음을 알 수 있다.

〈표 2-3〉 쉬운 정보에서 글과 이미지의 특징

구분	내용
글	- 사물을 자세히 설명할 수 있다. - 사람들에게 많은 정보를 제공할 수 있다. - 해석에 따른 차이를 줄이고 오해를 최소화 할 수 있다. - 글을 잘 모르는 사람에게는 유용하지 못하다.
이미지	- 언어의 종류나 문해력의 수준에 상관없이 누구나 이해할 수 있다. - 간단한 동작 뿐 아니라 특정 사람, 물건, 장소를 보여줄 수 있다. - 글보다 쉽게 이해되고 흥미를 끌게 한다. - 보는 사람에 따라 다르게 해석할 여지가 있다.

(CHANGE, 2016)

디자인

쉬운 정보는 내용과 형식이 모두 쉬워야 하는데, 글과 이미지가 내용적 측면에서 중요하다면 디자인은 형식적 측면에서 큰 역할을 한다. 글과 이미지가 조화롭게 배치되고, 글자체, 글자 크기, 줄 간격, 색 사용 등 가독성을 고려한 디자인이 되었을 때 쉬운 정보가 완성된다.

책꼴

책의 크기, 제본 방식, 종이 재질, 인쇄 상태 등 책의 모양새인 책꼴도 중요하다. 종이는 빛의 반사가 없어야 하고, 뒷면의 내용이 비치지 않아야 한다. 책장을 넘겨

보기 편리하도록 제본을 해야 자료를 보는데 방해가 되지 않는다. 이러한 책꼴은 쉬운 정보를 제작하는 기획 단계에서 정보의 주제, 내용, 활용방안 등을 고려하여 결정해야 한다.

감수

쉬운 정보의 정확도와 완성도를 높이는데 감수는 필수적 요소다. 발달장애인 당사자의 감수는 정말 쉬운지 확인·점검하는 단계로, 가급적 모든 쉬운 정보는 당사자의 감수 과정을 거쳐야 한다.

정보의 성격에 따라 전문가의 감수도 필요하다. 쉽게 바꾸는 과정에서 중요한 정보가 왜곡되지 않았는지 확인이 필요한 경우가 그렇다. 예를 들어, 사회적기업 소소한소통에서 만든 '쉬운 근로 계약서'의 경우 노무사의 감수를 통해 근로기준법상 저촉되는 부분이 없는지 확인하는 과정을 거쳤다.

[그림 2-2] 사회적기업 소소한소통에서 제작한 쉬운 정보 예시

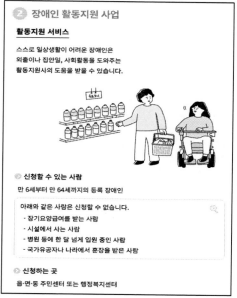
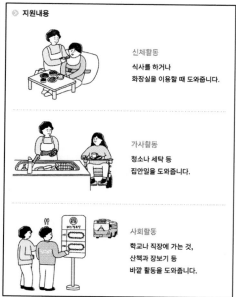

(소소한소통, 2020)

2. 쉬운 정보의 조건

쉬운 정보가 지녀야 할 조건을 통해 쉬운 정보의 의미를 조금 더 명확히 알 수 있다. 발달장애인에게 정보 접근 수단으로서 쉬운 정보는 다음과 같은 조건을 따라야 한다.

첫째, 쉬운 정보는 독자 친화적이어야 한다. 정보를 제공하는 사람의 입장이 아닌, 정보를 접하는 독자의 기준에서 이해하기 쉬운 방식으로 정보를 구성해야 한다. 따라서 독자에 따라 어렵고 복잡한 문장을 간단한 문법 구조로 바꾸고, 어려운 단어를 쉬운 단어로 대체하는 것 이상의 과정이 필요하다. 특히 발달장애인 독자의 경우 제시되는 정보가 낯선 개념일 경우, 해당 정보를 이해하는 데 필요한 사전 지식이나 배경 설명이 추가적으로 제공되어야 한다. 정보를 제공하는 사람의 입장이 아닌, 정보를 읽고 활용할 독자의 입장에서 정보의 범위가 철저하게 고려되어야 한다.

둘째, 쉬운 정보는 자기결정을 스스로 통제할 수 있는 수단이 되어야 한다. 쉬운 정보는 기존의 정보를 쉽게 바꾸어 제공하는 것에서 그치는 것이 아니라, 정보에 대한 개인의 선택과 통제가 극대화될 수 있도록 고려해야 한다. 쉬운 정보를 통해 나에게 최선의 선택지가 무엇인지 이해하고 결정할 수 있어야 하는 것이다. 쉬운 정보가 선택과 결정을 돕는 수단으로 활용되기 위해서 중요한 내용이 충분히 전달되는지, 선택에 따른 결과를 예측할 수 있는지 등을 세심하게 살펴야 한다.

셋째, 쉬운 정보는 삶의 경험을 확장시킬 수 있는 매개체가 되어야 한다. 발달장애인은 비장애인에 비해 상대적으로 단조로운 일상과 단편적 관계 안에서 살아간다. 이러한 삶의 패턴이 자유의지가 아닌 주어진 환경 때문이라면 자신의 일상과 관계를 다채롭게 채울 수 있는 경험 확장의 도구로 쉬운 정보가 활용되어야 한다. 새로운 곳을 가고, 새로운 경험을 하고, 새로운 사람과 관계를 맺는 순간에 유용한

매개체로서 쉬운 정보가 쓰일 수 있어야 한다.

넷째, 쉬운 정보는 때로 교육적 목적으로 활용될 것을 고려해야 한다. 독자에 따라 독립적으로 활용할 수도 있지만, 지원자가 설명하거나 교육하는 용도도 고려한다. 발달장애인의 문해력은 사람마다 다르며, 관련 경험의 유무가 정보 이해에 큰 영향을 미치기도 한다. 따라서 독립적으로 활용하기 어려운 사람에게는 가족이나 지원자가 발달장애인이 이해할 수 있는 어휘를 사용하고 예시를 더해, 그 사람에 맞게 다시 한 번 설명을 해야 한다.

다섯째, 쉬운 정보는 독자에 의해 완성되어야 한다. 쉬운 정보 제작 과정에 당사자의 참여는 필수다. 정보의 주제를 선택하는 초기 과정부터 인쇄 전 최종 감수과정 까지, 당사자의 참여는 쉬운 정보가 더 쉽게 만들어질 수 있도록 정보의 완성도를 높이는데 큰 기여를 한다.

여섯째, 완벽한 쉬운 정보는 없으며, 계속 발전되어야 한다. 쉬운 정보의 상대적이고 주관적인 특성은 완벽한 쉬운 정보 또한 존재하지 않는다는 것을 의미한다. 쉬운 정보를 제작·활용하는 과정에서 경험한 실수, 성과 등을 토대로 더 명확한 쉬운 정보를 제작할 수 있어야 한다. 쉬운 정보에 끝은 없으며, 매순간이 과정이다.

3절 쉬운 정보 제작 가이드

해외와 국내의 제작 가이드를 비교해 보면 쉬운 정보로서의 몇 가지 공통 기준이 있지만, 모든 가이드가 동일한 기준을 제시하는 것은 아니다. 쉬운 정보 관련하여 국내에 비해 오랜 역사를 가진 영국, 호주, 뉴질랜드 등의 나라도 증거 기반을 통해 개발된 가이드나 다양한 구성 요소를 체계적으로 측정한 연구는 거의 없다.

또한 해외와 국내의 가이드 모두 '형식'에 대해서는 명확한 지침을 제시하고 있지만, '내용'에 대해서는 기본적인 문장 구조, 지양해야 하는 단어, 당사자의 참여를 통해 최대한 쉽게 제작할 수 있어야 한다는 정도만 안내하고 있다. 이는 쉬운 정보가 가진 상대적이고 주관적인 특성상 '모두에게 쉬운 정보는 없기 때문' 이지 않을까? 그럼에도 불구하고 다양한 가이드의 검토·비교를 통해 쉬운 정보가 지양, 그리고 지향해야 하는 지점을 확인함으로써 쉬운 정보 제작에 참고를 할 수 있을 것이다.

1. 해외 가이드

해외에서는 오래전부터 발달장애인을 위한 정보 접근 지원의 수단으로서 쉬운 정보를 활용하고 있다. 쉬운 정보에 대한 표현은 국가 마다 조금씩 다르다. 영국에서 'Easy Read', 'Easy to Read', 'Communication for All' 이라 하고, 호주에서는 'Easy English' 또는 'Easy Read' 라고 부르며, 뉴질랜드는 'Easy Read' 라고 한다(Access Easy English, 2019). 이러한 여러 나라에서 제작되는 쉬운 정보는 UN장애인권리협약(2006) 제9조와 제21조에 근거한다.

<표 2-4> UN 장애인 권리협약

제9조(접근성)
1. 당사국은 장애인이 자립적으로 생활하고 삶의 모든 영역에 완전히 접근할 수 있도록 하기 위하여, 장애인이 다른 사람과 동등하게 도시 및 농촌지역 모두에서 물리적 환경, 교통, 정보와 의사소통 기술 및 체계를 포함한 정보와 의사소통, 그리고 대중에게 개방 또는 제공된 기타 시설 및 서비스에 대한 접근을 보장하기 위한 적절한 조치를 취한다. 접근성에 대한 장애와 장벽을 식별하고 철폐하는 것을 포함하는 이러한 조치는 특히 다음의 사항에 적용한다.
(가) 건물, 도로, 교통 및 학교, 주택, 의료시설 및 직장을 포함한 기타 실내·외 시설
(나) 정보, 의사소통 및 전자서비스와 응급서비스를 포함한 기타 서비스
2. 당사국은 또한 다음을 위하여 적절한 조치를 취한다.
(가) 대중에게 개방되거나 제공되는 시설과 서비스에 대한 접근성과 관련된 최소한의 기준과 지침을 개발, 공표하고 그 이행을 감시할 것
(나) 대중에게 개방되거나 제공되는 시설과 서비스를 제공하는 민간주체가 장애인의 접근성을 위하여 모든 측면을 고려하도록 보장할 것
(다) 장애인이 직면한 접근성 문제에 대하여 관계자에게 훈련을 제공할 것
(라) 대중에게 개방된 건물과 기타 시설에 점자 및 읽고 이해하기 쉬운 형태의 공공표지판을 설치할 것
(마) 대중에게 개방된 건물과 기타 시설에 대한 접근성을 용이하게 하기 위하여 안내인, 낭독자, 전문수화통역사를 포함한 형태의 현장지원과 매개체를 제공할 것
(바) 장애인의 정보에 대한 접근성을 보장하기 위하여 기타 적절한 형태의 지원과 보조를 촉진할 것
(사) 인터넷을 포함한 새로운 정보와 의사소통 기술 및 체계에 대한 적절한 형태의 지원과 보조를 촉진할 것
(아) 최소한의 비용으로 접근이 가능하도록 초기 단계에서 접근 가능한 정보와 의사소통 기술 및 체계의 고안, 개발, 생산 및 보급을 촉진할 것

제21조(의사 및 표현의 자유와 정보 접근권)
당사국은 이 협약 제2조에 따라 선택할 수 있는 모든 의사소통 수단을 통하여 장애인이 다른 사람과 동등하게 정보와 사상을 구하고, 얻고 전파하는 자유를 포함한 의사 및 표현의 자유를 행사할 수 있도록 보장하기 위하여 모든 적절한 조치를 취한다. 여기에는 다음의 사항이 포함된다.
(가) 일반 대중을 위한 정보를 다양한 장애유형에 적합하게 접근 가능한 형식과 기술로 장애인에게 시의적절하고 추가 비용 없이 제공할 것
(나) 장애인의 공식적인 교류에 있어 장애인의 선택에 따른 수화, 점자, 확장적이고 대체적인 의사소통, 그리고 의사소통의 기타 모든 접근 가능한 수단, 방식 및 형식의 사용을 수용하고 촉진할 것
(라) 언론 매체의 서비스가 장애인에게 접근 가능하도록 인터넷을 통한 정보제공자를 포함한 언론 매체를 장려할 것
(마) 수화의 사용을 인정하고 존중할 것

영국은 노인, 다문화 출신, 장애인을 포함한 모든 국민을 위한 읽기 쉬운 책 개발 지침을 국가 수준에서 지원하고 권장하는 국가다(손지영, 2013). 현재 국내에서 번역되어 활용되고 있는 쉬운 정보 가이드의 대부분은 영국 자료를 번역한 것이라 할 수 있을 만큼, 우리나라 쉬운 정보의 벤치마킹 대상이 되고 있는 나라다. 일찍 부터 쉬운 정보가 권리로서 활용되는 데는 평등법(Equality Act, 2010)과 인권법 (Human Rights Act, 1998)이 영향을 미쳤다.

<표 2-5> 인권법(Human Rights Act, 1998)

제21조
정부는 다음과 같은 일을 함으로써 장애인이 자신의 생각을 자유롭게 표현하고, 모든 정보에 동등하게 접근할 수 있도록 해야 한다.
- 접근 가능한 형식과 기술로 적시에 정보를 제공해야 한다.
- 공공서비스 이용 시 점자, 수어 등 다양한 방법으로 의사소통이 가능하도록 보장해야 한다.
- 민간 서비스 제공자가 접근 가능한 웹사이트 등 접근 가능한 정보를 제공할 수 있도록 촉 구해야 한다.
- 인터넷 사업자를 포함한 대중 매체가 접근 가능한 서비스를 제공하도록 장려해야 한다.

이런 법적 근거를 토대로 영국 보건부는 2003년 '쉽게 접근 가능한 정보 제작 가이드라인'을 포함한 인쇄 정보 제작에 활용할 수 있는 toolkit(툴킷)을 만들어 배 포하였으며, 2010년에는 발달장애인을 위한 쉬운 정보 제작에 대한 구체적인 가 이드라인을 제시하였다(B. Hurtado, L.Jones & F Burniston, 2014). 또한 NHS(National Health Services)는 2016년 접근 가능한 표준을 개발했으며, 그 외 맨캡(Mencap)이나 체인지(CHANGE)와 같은 발달장애인 권익옹호 단체에서 도 쉬운 정보와 관련된 가이드, 지침 등을 제시하였다.

<표 2-6> 영국의 쉬운 정보 제작 가이드

연번	가이드	발간 기관
1	Making Myself Clear (2002)	Mencap(맨캡)
2	Make it clear : A guide to making easy read information (2008)	Mencap(맨캡)
3	Making written information easier to understand for people with learning disabilities (2010)	Mencap(맨캡)
4	Guidance for people who commission or produce Easy Read information (2010)	Department of Health(보건부)
5	How To Make Information Accessible (2016)	CHANGE(체인지)
6	A guide to producing written information in easy read (2014)	North Yorkshire County Council (노스 요크셔 카운티 의회)

특히, 체인지(CHANGE)의 〈접근 가능한 정보 만들기(How To Make Information Accessible)〉는 한국지적발달장애인복지협회가 번역하여 국내에서 활용되고 있는 대표적인 쉬운 정보 가이드다. 발달장애 관련 기관, 전문가를 위해 제작된 이 가이드는 쉬운 단어와 그림을 활용하여 쉬운 정보를 제작하는 방법을 구체적으로 제시하였으며, 그 내용은 〈표 2-7〉과 같다.

<표 2-7> 쉬운 정보 제작 기준

구분	내용
문서 준비	- 그림이 들어갈 공간을 충분히 확보한다. (최소 8cm) - 그림은 글의 왼쪽에 배치한다. 만약, 그림을 다른 위치에 배치한다면 글과 그림의 매칭이 분명하게 확인되는 곳에 둔다. - 세리프나 복잡한 모양이 없는 명확하고 읽기 쉬운 글자체를 사용한다. (고딕 계열) - 글자는 최소 14포인트, 가급적 16포인트 이상을 사용한다. - (영어의 경우) 대문자로 단어를 쓰지 않는다. - 줄 간격을 여유 있게 둔다. (워드 프로그램 기준 1.5줄) - 글자에 그림자, 윤곽선, 취소선, 그라데이션 등을 하지 않는다. 글자의 모

구분	내용
	양을 방해해서 가독성을 떨어트린다.
	- 문장의 길이가 너무 길거나 짧지 않은지 확인한다. 이상적인 문장의 평균 글자 수는 약 60자다.
	- 문장은 왼쪽 정렬을 한다. 오른쪽 정렬, 중앙 정렬, 양쪽 정렬 모두 사용하지 않는다.
	- 배경에 색상이 있을 경우 글자와 충분한 대비가 있는지 확인한다.
	- 톤이 있는 배경을 사용하더라도 패턴, 강한 그라데이션, 희미한 그림 등이 배경에 사용되는 건 안 된다.
	- 인쇄할 때는 무광택 또는 실크 마감 처리된 종이에 한다.
	- 용지가 너무 얇으면 뒷면이 비치기 때문에 어느 정도 두께감 있는 종이를 사용한다.
	- 한 페이지에 너무 많은 정보를 넣지 않는다. 여백이 많은 것이 문서를 보는데 더 도움이 된다.
	- 일부 사람은 색맹일 수 있다는 것을 염두하고 디자인한다.
	- 정보가 많은 경우, 챕터를 나누고 챕터별로 다른 색상을 사용한다. 다른 챕터로 넘어가는데 편리하다.
	- 문서의 제본은 쫙 펼쳐지는 형태로 한다. (중철 제본, 스프링 제본 등)
	- 정보를 직접 인쇄하거나 복사하는 경우 페이지가 섞이지 않도록 스테이플러 등으로 고정한다.
쉬운 글	- 짧고 명확한 문장으로 글을 작성한다.
	- 복잡한 단어, 어려운 단어, 전문용어는 사용하지 않는다.
	- 어렵지만 사용해야 하는 단어는 쉬운 설명을 함께 제공한다.
	- 어려운 단어가 많은 경우 별도의 단어목록을 만들어 설명을 제공한다.
	- 같은 뜻을 가진 단어는 1개로 통일하여 사용한다.
	- 한 문장에 하나의 정보만 담는다.
	- 기호와 부제를 활용하여 정보를 나누어 구성한다.
	- 가급적 대명사를 사용하지 않는다.
	- 숫자는 아라비아 숫자로 기재한다.
	- 기호, 문장부호 사용에 주의한다. #, &, ~, % 등의 문장부호 사용을 자제한다.
	- 줄임말을 사용하지 않는다.
	- 문장이 길어 줄 바꿈을 할 때는 단어가 끊기지 않도록 한다.
	- 한 주제가 한 페이지에 모두 담길 수 있도록 한다.
이미지	- 그림은 가능한 크게 한다.
	- 그림과 글이 가깝게 배치되도록 하고, 다른 글과 헷갈리지 않도록 주의한다.
	- 컬러 이미지를 사용할 경우 너무 많은 컬러를 사용하여 어지럽지 않도록 한다.
	- 그림이 글의 뜻을 담을 수 있도록 한다.
	- 기호나 상징, 추상적인 그래픽 등을 사용하지 않도록 주의한다. 상징이 강한 이미지는 사람들을 혼란스럽게 한다.

구분	내용
	- 특정 물건, 장소, 사람의 경우 사진이 더 쉽다. - 사진을 사용할 때는 배경이 너무 혼란스럽지 않아야 한다. - 사진이 원하는 내용을 제대로 표현하지 못할 경우, 보정이나 편집이 필요하다. - 화살표, OX 등과 같은 표시를 이미지에 추가할 수 있다. - 새로운 의미를 위해 두 개의 그림을 사용할 수도 있다. - 이미지의 중요한 부분을 가리키기 위해 화살표를 사용하거나 색상을 표기할 수 있다.

(CHANGE, 2016)

North Yorkshire County 의회에서 만든 〈쉬운 정보 제작 안내서(A guide to producing written information in easy read)〉는 발달장애인이 쉬운 정보만으로 모든 정보를 이해하고 활용할 수 있는 것은 아니라고 강조하였다.

쉬운 정보는 발달장애인의 의사소통, 정보 접근 지원 방법 중 하나로서 활용되어야 하며, 그런 의미에서 발달장애인 당사자 뿐 아니라 주변의 가족, 지원자 등이 함께 활용할 것을 권하고 있다.

또한 쉬운 정보는 기존의 어려운 단어를 쉬운 단어로 간단하게 변환하는 것이 아니고, 발달장애인이 정보의 내용을 이해한 후 의사결정이 필요한 상황에서 스스로 결정할 수 있도록 정보의 핵심 내용에 집중하여 쉽게 재가공 된 정보임을 강조한다.

많은 사람들이 쉬운 정보의 구성과 흐름을 어떻게 할지 기본적인 계획을 세우기 전에 복잡한 문장을 쉽게 바꾸거나 문장마다 이미지를 넣는데 급급한데, 겉으로 보여주는 것에 집중하여 만들어진 정보는 결코 발달장애인에게 쉽지 않다고 이야기한다.

또한 이 가이드는 쉬운 정보 제작 과정에서 놓치면 안 될 중요한 팁(Top tip)을 제시하여 실무자들이 쉬운 정보 제작 시 스스로를 점검할 수 있도록 하였다.

〈표 2-8〉 North Yorkshire County 의회 쉬운 정보 안내서 중 중요한 팁

구분	중요한 팁(Top Tip)
계획/준비	- 정보의 흐름, 순서를 어떻게 할지 정한다. - 유사한 주제는 묶어서 정리한다. - 그림은 문장 옆에 위치한다. - 하나의 주제는 한 페이지에 담는다.
이미지	- 글을 보조하는 용도로 이미지를 사용한다. - 글을 설명하는 그림을 찾을 수 없다면 사용하지 않는다. - 특정 장소, 인물의 경우 사진이 적절하다. - 사진 사용 시 사전에 초상권 동의를 받는다.
단어와 문장 구조	- 수동형이 아닌 능동형 동사를 사용한다.
숫자와 날짜	- 그림을 활용하여 숫자나 시간을 설명할 때는 그림과 글이 일치하는지 확인한다. 예) 글에서 언급한 11시와 시계 그림의 시간이 일치
전체 레이아웃	- 여백이 많은 것이 쉬운 정보에 적합하다. - 한 면에 그림과 글을 꽉 채우지 않는다. - 가독성을 위해 문단 사이에 줄간격을 넉넉히 한다.
색상	- 흰색 배경에 검정색 글씨를 사용한다. - 복잡한 테두리 디자인을 하지 않는다. - 문서 배경에 워터마크를 사용하지 않는다. - 글과 그림이 겹치지 않도록 주의한다.
인쇄	- 인쇄할 때는 무광택 종이를 사용한다. - 뒷면이 비치지 않도록 두꺼운 종이를 사용한다.
전문가 검토	- 복잡하거나 어려운 정보가 있는지 점검을 받는다. - 이를 확인하기 위해서 1) 다른 쉬운 정보와 비교하기 2) 쉬운 정보 제작 경험자로부터 초안에 대한 피드백 받기 등의 방법이 있다.

(North Yorkshire County Council, 2014)

뉴질랜드는 2003년부터 발달장애인 자조단체인 피플퍼스트 뉴질랜드(People First New zealand)를 중심으로 쉬운 정보가 제작되고 있다. 뉴질랜드는 쉬운 정보를 'Easy Read information'이라 부르며 발달장애인 뿐 아니라 문해력이 낮은 사람, 영어를 제2언어로 사용하는 사람, 노인, 청각장애인 등에게도 필요한 것이라 여긴다.

피플퍼스트 뉴질랜드(People First New zealand)가 만든 쉬운 정보 가이드 'Make it Clear'는 쉬운 정보 제작과 관련하여 페이지 구성, 이미지 사용, 인쇄 등에 대해 간단히 언급하고 있으며, 피플퍼스트 뉴질랜드(People First New zealand)에게 쉬운 정보 제작 의뢰 방법 등을 함께 안내하고 있다. 또한 쉬운 정보 제작 시 중요한 것을 〈표 2-9〉와 같은 체크리스트를 제시하여 점검할 수 있도록 하였다.

〈표 2-9〉 뉴질랜드 쉬운 정보 제작 가이드 중 체크리스트

Make it Clear : Check List

1. 15~20개 단어만 사용하는 짧은 문장으로 쓴다.
2. 구어체로 작성한다.
3. 가능한 능동태를 사용한다.
4. 너, 나, 우리와 같은 주어를 사용한다.
5. 글자는 셰리프가 없는 고딕 계열의 폰트로 16포인트 이상으로 한다.
6. 강조할 때는 밑줄을 긋지 말고 글자를 굵게 한다.
7. 하나의 문장에는 하나의 정보만 담는다.
8. 기호를 사용하여 정보를 정리한다.
9. 전문용어는 사용하지 않는다.
10. (영어의 경우) 대문자를 사용하지 않는다.
11. 수는 아라비아 숫자로 표기한다.
12. 줄임말을 쓰지 않는다.
13. 문장부호는 가급적 사용하지 않는다.
14. 정보를 강조할 때는 상자를 사용한다.
15. 문서 전체의 레이아웃이 통일 되었는지 확인한다.

(People First New zealand, 2017)

호주에서 쉬운 정보를 통한 정보 접근권을 인정한 것은 'The Easy English Writing Style Guide(2005, 2007)'를 개발한 시점부터다(Access Easy English, 2019). 스코프(Scope)라는 장애인을 위한 비영리 단체에서 개발한 이 가이드는 쉬운 정보 제작을 시작하기 전에 확인해야 할 것으로 1) 누구를 위한 정보인가, 2) 얼마나 많은 정보, 자세한 정보가 필요한가? (최소한의 정보를 유지해야 한다), 3) 전단지, 브로슈어 등 어떤 형식으로 제작할 것인가?'의 3가지를 제시하였다.

스코프(Scope)에서 개발한 또 다른 쉬운 정보 제작 가이드인 'Clear Written Communications(2013)'는 문서로 된 쉬운 정보를 제작할 때 크기와 제작 형식에 따른 세부 제작 팁을 구체적으로 제시하였으며 그 내용은 〈표 2-10〉과 같다.

〈표 2-10〉 종류별 형식 및 디자인 (인쇄물)

문서 유형	크기와 형식	제작 세부 팁
카드	A6 또는 A7 단면 또는 양면 인쇄	- 간단한 메시지 - 연락처 정보 남겨 자세한 내용 확인 하도록 안내
2. 포스터	A3, A2, A1	- No more 4 points - 정확한 행동 가이드 제시 - 연락처 정보 남겨 자세한 내용 확인 하도록 안내
3. 전단지	A5또는 A4 단면 인쇄	- 너무 많은 내용 담지 않기 - 섹션에 제목 달기 - 연락처 정보 남겨 자세한 내용 확인 하도록 안내
4. 브로슈어	A4 반 접지 (3단 접지는 피할 것)	- 표지에 이미지 사용, 간략한 정보 표기 - 섹션에 제목 달기 - 연락처 정보 남겨 자세한 내용 확인 하도록 안내
5. 소책자	A5또는 A4 중철 제본	- 표지에 이미지 사용, 간략한 정보 표기 - 섹션에 제목 달기 - 목차, 어려운 단어 목록 등 포함하기 - 연락처 정보 남겨 자세한 내용 확인 하도록 안내 - 뒤표지 안쪽에 지원자를 위한 설명 기재

문서 유형	크기와 형식	제작 세부 팁
6. 책 또는 시리즈 책	소책자 보다 큰 사이즈 중철 제본 또는 링 제본	- 표지에 제목 및 이미지 - 목차, 어려운 단어 목록 등 포함하기 - 섹션에 제목 달기 - 연락처 정보 남겨 자세한 내용 확인하도록 안내 - 뒤표지 안쪽에 지원자를 위한 설명 기재
7. 양식/서식	A4 여러 장은 옆면 또는 윗면에 스테이플러로 고정	- 작성방법 예시 - 글자 쓰는 칸 여유 확보 - 줄 바꿀 때 마다 이미지 포함(예. 이름, 주소 등)
9. 설문지	A4(세로 또는 가로) 여러 장은 옆면 또는 윗면에 스테이플러로 고정	- 설문 방법의 예시 포함 - 글자 쓰는 칸 여유 확보 - 가로형의 경우 응답할 수 있는 공간 확보 가능

(Scope, 2013)

2. 국내 가이드

국내에 쉬운 정보가 만들어지고 활용된 것은 한국지적발달장애인복지협회, 한국장애인가족연구소 등의 장애인단체 사업의 일환으로 시작되었으며, 발달장애인법 시행 이후에는 쉬운 정보 제작을 전문적으로 하는 비영리단체, 사회적기업 등이 등장하여 이들을 중심으로 국내에 쉬운 정보가 확산되고 있다.

해외와 마찬가지로 쉬운 정보를 칭하는 표현이 기업이나 단체마다 조금씩 다른데 '이해하기 쉬운 정보', '읽기 쉬운 자료', '쉬운 글 콘텐츠', '읽기 쉬운 도서' 등 다양하게 사용되고 있다.

본 연구보고서에서는 '이해하기 쉬운 정보'라는 표현을 사용한다. 단순히 문자로 된 정보를 읽는 것이 중요한 것이 아니라 특정 이슈, 주제를 이해하고 활용하는데 목적이 있다는 점, 문서로 된 정보 뿐 아니라 발달장애인이 생활하는 공간 안에서 접하는 문서 외의 정보(식당 메뉴판, 공간의 사인물, TV 뉴스 등)도 쉬워져야하기 때문에 문서, 자료, 책 등으로 국한하지 않고자 한다.

국내의 쉬운 정보 가이드는 공공이나 민간에서 제작·배포하여 확산하기보다 연구결과로 존재하는 것이 대부분이다. 또한 연구결과의 경우도 해외 가이드를 토대로 개발되어, 국내의 문학적 정서나 언어적 특징이 반영되었다고 하기에 한계가 있다.

〈표 2-11〉 쉬운 정보 제작 관련 국내 연구 현황

연도	제목	기관
2013	발달장애인용 쉬운 책 개발 연구	국립장애인도서관
2015	발달장애인 정책정보 접근성 제고에 관한 연구	보건복지부
2017	발달장애인을 위한 쉽게 접근할 수 있는 정보 만들기 (CHANGE 번역본)	한국지적발달장애인 복지협회
2018	읽기 쉬운 자료 제작 가이드라인 및 전문가 양성 교육과정 개발 연구	서울시읽기쉬운자료 개발센터
2018	발달장애인이 읽기 쉬운 자료 제작 안내서	서울시읽기쉬운자료 개발센터
2019	읽기 쉬운 자료 제작 전문가 양성 심화교육과정 교재개발연구	서울시읽기쉬운자료 개발센터

국립장애인도서관의 발달장애인용 쉬운 책 개발 연구(손지영, 2013)는 미국, 영국을 비롯한 해외의 여러 단체나 기관에서 제공하는 읽기 쉬운 책이나 관련 개발 지침을 분석하고, 발달장애인의 독서교육을 담당하는 특수교사들의 의견을 조사하였다. 이를 토대로 발달장애인용 읽기 쉬운 책 개발 지침과 해당 지침을 반영한 도서 견본을 제작한 후 발달장애인과 특수교사를 상대로 타당성을 평가하여 지침과 도서를 수정, 보완해 최종적으로 발달장애인용 쉬운 책을 제작하였다. 이 연구를 통해 발달장애인을 위한 쉬운 책 개발에 있어 도서 선정 및 제작 가이드라인이 〈표 2-12〉와 같이 제시되었다.

<표 2-12> 쉬운 책 개발을 위한 도서 선정 및 제작 가이드라인

구분	내용
도서 선정 시 고려사항	- 발달장애인의 인지발달 수준 및 읽기 이해력을 고려한다. - 발달장애인의 생활과 밀착된 주제, 사회 문화를 이해할 수 있는 내용이어야 한다. - 발달장애인의 실제 나이(생활연령)를 고려해야 한다. - 발달장애인의 일반 또래가 갖는 관심사에 주목해야 한다. - 발달장애인 통합교육의 질을 높이는 데 도움이 되어야 한다. - 독자가 새로운 시각과 올바른 관점을 가질 수 있도록 도와야 한다.
읽기 쉬운 책 제작 과정	- 요구조사 및 현황조사 등을 통해 발달장애인용 읽기 쉬운 책으로 개발할 도서를 선정한다. - 도서의 저자 또는 내용 관련 전문가가 도서 내용(어휘, 문장 등)을 읽기 쉽게 변경하고 내용 이해를 돕는 정보를 추가한다. - 도서의 기존 삽화가 또는 새로운 삽화가가 도서 내용을 읽기 쉽게 하도록 기존의 삽화를 수정하거나 새로운 삽화를 추가한다. - 도서의 편집 디자이너가 도서의 형태(글자, 배치, 색상 등)를 읽기 쉽게 수정한다. - 발달장애인 교육 관련 전문가가 발달장애인의 문해능력 및 읽기 특성을 고려하여 적절하게 도서의 내용, 삽화, 디자인이 수정되었는지를 검토하도록 한다. - 발달장애인을 대상으로 도서를 읽어보도록 하는 현장검토를 실시하여 도서의 내용, 삽화, 형태 측면에서 개선이 필요한 부분을 수정, 보완한다. - 최종적으로 도서 편집자가 도서 내용, 삽화, 형태를 점거하여 도서를 인쇄하도록 한다.

(손지영, 2013)

이 연구에서는 쉬운 책 제작 지침을 크게 '내용 개발 지침'과 '형태 개발 지침'으로 구분하였고, '내용 개발 지침'에는 어휘 사용, 글쓰기, 정보 제공, 삽화를 다루었다.

<표 2-13> 쉬운 책의 내용 개발 지침

구분	내용
어휘 사용	• **쉽고 자주 사용되는 어휘로 표현한다.** - 어려운 어휘 보다는 일상적으로 사용되는 어휘로 표현한다. - 연령에 맞는 관심사와 주제는 유지하되 쉬운 어휘로 표현한다. - 청소년이나 성인의 경우 지나치게 낮은 수준의 어휘만 사용하면 흥미를 잃을 수 있으므로 도전이 되는 약간 어려운 어휘로 표현할 필요도 있다. - 어려운 어휘를 사용해야만 한다면, 그 어휘에 대한 설명을 제시하거나 괄호 안에 동일한 의미의 보다 쉬운 어휘를 함께 제시한다. 또는 각주로 처리하여 제시할 수도 있다. - 어려운 어휘를 사용해야 한다면, 그 어휘의 이해를 위한 맥락, 상황적 단서를 제공해야 한다. • **특정 집단만 이해될 수 있는 어휘는 사용하지 않는다.** - 특정 지역이나 집단에게 통용되는 어휘의 사용이 필요하다면, 사용 후 그 어휘에 대한 배경설명을 부가한다. - 일반적으로 사용되는 어휘의 의미에서 벗어나는 속어나 은어를 사용하지 않는다. • **축약어는 사용하지 않는다.** - 축약어를 사용해야 한다면, 원 명칭을 괄호 안에 함께 제시한다. - 축약어는 저자의 편의가 아닌 독자의 편의를 위해서만 사용해야 하며, 사용에 대한 분명한 이유가 없을 때에는 원 명칭을 그대로 사용해야 한다. • **행정 용어와 법률 용어의 사용은 주의한다.** - 행정 및 법률 용어를 사용해야 한다면, 해당 용어를 이해할 수 있도록 쉬운 어휘로 그 의미를 부연 설명해야 한다. - 일반적으로 사용되는 어휘도 행정적인 용어나 법률용어로는 다른 의미를 가질 수 있음에 유의해야 한다. - 법안을 인용할 필요가 있을 때에는, 주요 내용과 글의 흐름에 대한 주의를 흩트리지 않도록 문단의 끝에 혹은 각주 등으로 삽입하는 것이 좋다.
글쓰기	• **이야기 구조가 명확하게 드러나게 전개한다.** - 연대기적 관점에서 볼 때 사건의 발생시기가 복잡하다면, 구체적이고 논리적인 방식으로 설명하거나 묘사한다. - 등장인물의 수가 많지 않고, 서로 간에 명확하게 구분되도록 한다. - 이야기 구조를 단순화하고, 속도감 있게 전개한다. - 복잡한 심리묘사 보다는 사건을 중심으로 이야기를 전개한다.

쉬운 정보(easy read)에 대한 여덟 가지 질문 - 발달장애인을 지원하는 사람과 나누는 이야기

구분	내용
	• 새로운 내용은 기존의 관련된 정보와 연결시킨다. - 새로운 내용(용어, 개념, 정보, 표현 등)은 독자에게 익숙한 정보 및 지식과 연결시켜서 이해를 돕도록 한다. - 새로운 내용을 제시할 때에는 충분한 맥락을 제공하여 이해를 돕는다. - 추상적인 개념은 독자가 알만한 구체적인 사례를 활용하여 설명한다. - 앞에 나온 문단이나 영역에서 사용한 핵심 어휘, 문구, 개념을 반복하여 사용한다. - 새로운 내용을 제시하기 전에 그 내용에 대한 다이어그램, 도표, 표, 그래프 등을 제시하여 이해를 돕는다. **• 간결한 문장과 문단으로 작성한다.** - 한 문단 아에서는 한 가지 주제를 다룬다. - 각각의 문장은 단순한 구조를 갖는다. - 행동의 주제가 분명하게 드러나도록 능동문을 사용한다. - 각각의 문장은 가능한 짧게 작성한다. - 한 문장에 여러 개의 동사를 사용하지 않는다. - 문단을 구성하는 문장의 수를 가능한 한 적게 하고 문단의 길이를 짧게 한다. - 각 문단의 길이는 비슷하게 유지한다. **• 내용 이해를 높이는 추가적인 정보를 삽입한다.** - 각 장마다 해당 장의 주제가 드러나도록 제목을 정하여 제시한다. - 내용의 중요한 부분을 글머리 기호, 글상자, 진하게 쓴 글자 등으로 강조한다. - 적시 적소에 주요 사건의 용약, 여정을 나타내는 지도, 가계도, 등장인물 소개 등 내용 이해를 돕는 단서를 제공한다. - 각 장의 앞부분에 그 장이 전체 내용 중 어디에 해당되는지 한눈에 파악할 수 있는 정보(조직도 등)를 제공한다. - 각 장마다 주요 단어해설을 삽입하거나 책의 마지막 부분에 단어해설집을 제공한다. - 내용의 목차를 제시하고, 각 장의 제목과 부제목은 지속적으로 표시될 수 있게 한다. - 각 장이 끝나는 부분에 그 장의 내용을 간단하게 요약하여 제시한다. - 각 장마다 독자가 자신의 내용 이해를 점검할 수 있도록 간단한 활동(예: 빈 칸 채우기, 간단한 그림 그리기)을 제공한다. - 도서의 성격에 따라 분량이 많은 글감의 경우에는 서두에 모든 내용을 다 읽을 필요는 없음과 내용 이해를 위해 도움을 요청할 수 있음을 알린다.

구분	내용
정보 제공	**• 독자에게 도움을 제공한다.** - 각각의 문서는 질문이 있거나 도움이 필요한 독자가 쉽게 이용할 수 있는 '도움 제공 메시지'를 포함해야 한다. - "도움이 필요할 때"메시지는 다음의 요소를 포함해야 한다(도움의 제공, 전화할 사람에 대한 정보, 전화번호, 운영일자와 시간, 무료전화일 경우에는 무료임을 명시). - 구체적으로 "도움이 필요할 때"와 같은 메시지를 표기해서 문서 전체에 걸쳐 반복해서 제시해야 한다. **• 공지사항을 작성한다.** - 중요하게 전달해야 하는 내용은 공지사항의 앞 문장에 배치한다. - 공지사항은 무엇에 관한 글인지, 무엇을 하도록 요청하는지, 언제 그것을 해야 하는지, 어떻게 도움을 받을 수 있는지 독자들이 명확하게 파악할 수 있도록 작성되는 것이 중요하다. - 공지사항은 독자들에게 익숙한 표준적인 글자 형태를 사용하여 작성한다. - 서로 다른 내용의 공지사항은 짧은 제목이나 여백을 사용하여 영역을 분리하여 제시한다. - 중요하게 전달해야 하는 내용을 강조하기 위해서 글상자를 사용한다.
삽화	**• 쉽게 이해될 수 있고 흥미로운 형태로 삽화를 구성한다.** - 내용의 이해를 돕는 사진이나 그림이 생활연령에 비추어 볼 때 유치하지 않은 수준으로 제시되어야 한다. - 어린 아동의 경우 화려하고 감각적인 삽화를 선호하는 경향이 있긴 하지만, 너무 요란한 삽화는 집중력을 저하시켜 오히려 방해가 될 수 있으므로 주의한다. - 그림 위로 글자를 인쇄하지 않는다. 배경 그림과 글자 사이에 두드러지는 대조가 이루어지지 않는 한, 그림 위로 인쇄된 활자를 읽는 것은 주의를 쉽게 잃게 한다. - 삽화는 이해하기 쉽게 가능한 간단한 분명한 것이 좋으며 크게 제작한다. - 삽화가 반드시 컬러로 제공될 필요는 없다. 경우에 따라 흑백이나 단순한 그림이 흥미나 주의를 더 끌기도 한다. - 그림, 사진 등의 시각자료 가운데 하나의 양식을 활용하는 것이 좋다. - 발달장애인에게 익숙하지 않은 사람, 장소, 물건들로 삽화를 제시하면 흥미를 잃게 되므로 생활 속에서 친숙한 대상으로 삽화를 구성한다. - 필요에 따라 세밀화난 명화의 삽입으로 이색적이고 눈길을 끌 수 있는 그림이 발달장애 독자의 흥미 유발이나 주의 집중에 도움을 주기도 한다.

쉬운 정보(easy read)에 대한 여덟 가지 질문 – 발달장애인을 지원하는 사람과 나누는 이야기

구분	내용
	• **텍스트의 내용을 보완해줄 수 있는 삽화를 사용한다.** - 삽화는 내용과 관련되어 핵심적인 단서가 될 수 있으며 발달장애인에게 의미 있는 형태로 제시되어야 한다. - 삽화는 가능한 해당되는 단어나 개념, 내용에 인접하게 배치되어야 한다. - 메시지를 이해하고 명확하게 하기 위해 구문에서 일어난 상황을 구체적으로 묘사할 수 있는 그림을 제시한다. - 글에 대한 주의를 이끌고 흥미를 유발하도록 도우며 방향을 제시할 수 있도록 그림과 도표를 작성한다. - 삽화를 통해 구문이 전달하고자 하는 바에 추가적인 측면을 더할 수 있다. 추상적인 그림을 통해 구문에서 묘사하고자 했던 분위기나 감정 등에 대해 소통할 수 있다. 다만 장애정도가 심한 장애인들이 삽화를 통해 오해하는 일이 없도록 주의한다. - 원이나 화살표 같은 단서들로 주요한 정보를 가리킨다. - 개념을 이해시키기 위하여 시각자료를 사용할 때는 해당되는 단어와 그림을 모두 제시한다. - 같은 문서에서 서로 다른 개념을 설명하기 위해 동일한 그림을 사용해서는 안 된다. - 동일한 삽화라도 여러 번 반복하여 사용함으로써 메시지를 보강할 수 있다. • **삽화에서 상징적인 의미의 사용은 적게 한다.** - 발달장애인은 상징 자체를 학습하는데 어려움을 가질 수 있으므로 가장 명백한 이미지일 경우에만 상징을 사용한다. - 상징의 수는 많지 않을수록 좋고 페이지의 아래쪽에 배치한다.

(손지영, 2013)

'형태 개발 지침'에서는 글자크기와 글꼴, 여백, 텍스트의 배치, 대조 및 강조, 조직화, 표지 및 두께, 전반적인 디자인에 대한 지침을 제시하였다.

책의 형태나 스타일과 관련하여 가장 중요한 것은 쉬운 책이 표지의 그림이나 책의 크기, 외형 등의 구성요소에서 발달장애인을 위한 책이라는 것이 드러나지 않도록 일반 책과 동일하게 제작되어야 한다고 강조하였다(손지영, 2013).

<표 2-14> 쉬운 책의 형태 개발 지침

구분	내용
글자 크기와 글꼴	**• 글자 크기** - 활자 크기는 같은 크기라 할지라도 글꼴이 달라질 경우에 다양해질 수 있다. - 최상의 가독성을 위하여 11에서 13포인트를 사용하는 것이 좋다. - 활자 크기가 14포인트 보다 커지면 가독성이 떨어진다. **• 글자 글꼴** - 한 페이지에 두 가지 이하의 글꼴을 적용하는 것이 적절하다. 한 페이지 상에 너무 많은 다른 글꼴을 사용하면 문서가 혼란스럽게 보인다. - 단순하며 익숙한 글꼴을 사용한다. 화려하며, 예술적이거나, 귀여운 글꼴은 주의집중을 방해하며, 메시지보다는 글꼴 자체에 주의를 기울이게 한다.
여백	- 독자가 직접 사용할 공간이 필요할 경우에는 충분한 여백을 제공해야 한다. - 충분한 여백은 시각적인 안정감을 주며, 가독성을 높여준다. - 한 페이지 안에 문장 수를 조절하여 여백을 충분히 확보해야 한다. - 줄 간격과 글머리 부호 사이에 적절한 안내를 제공하여 문단 간 충분한 여백을 준다.
텍스트의 배치	- 디자인을 목적으로 텍스트의 정렬을 바꿔야 한다면, 그러한 변화가 가독성에 장애가 되지 않는지 점검해야 한다. - 줄 혼동을 피하기 위해 일정한 줄 간격을 유지한다. - 레이아웃은 단어, 삽화, 그리고 여백이 조화를 이루어야 한다. - 새로운 장이나 주제가 시작될 때는 새로운 페이지에서 제시한다. - 페이지 당 줄 수는 제한을 두고 단락의 형태로 제시한다. - 텍스트와 삽화의 레이아웃에서 일관성을 유지한다. - 한 페이지 안에서는 서로 관련된 정보만 다룬다. 만약 한 페이지 이상이 될 경우에는 머리말이나 꼬리말을 달아준다. - 하나의 문단은 시작된 페이지 내에서 끝이 날 수 있게 작성한다.

구분	내용
대조 및 강조	• **가독성을 위하여 활자의 색상과 배경이 높은 대조를 이루도록 한다.** - 텍스트는 활자의 색상과 배경 색상이 높은 대조를 이룰 때에 읽기에 가장 쉽다. 흰 여백에 검은 글씨가 있는 문서가 가장 대중적인 이유다. • **굵은 글자나 큰 글자로 핵심단어나 중요 메시지를 강조한다.** - 굵은 글자 : 독자들로 하여금 중요하며 알아차려야 하는 정보임을 인지하게 한다. 그러나 너무 많은 사용은 어둡게 인쇄 된 것 같이 보이게 하므로 자제해야 한다. - 큰 글자 : 글자의 크기를 크게 함으로써 그것이 두드러지도록 하는 것은, 크기의 변화가 작더라도 도움이 된다. 특히 중요한 전화번호 등을 강조할 때 유용하다. • **지나친 강조가 방해가 되는 경우, 사용을 제한한다.** - 너무 지나친 강조는 주의산만을 야기한다. - 느낌표 : 과도한 감정이나 아동을 위한 글에서 사용되며, 주로 열정적인 어조를 나타내므로 심각한 어조에서는 사용을 자제한다. - 밑줄 긋기 : 밑줄 긋기는 글꼴의 아랫부분을 자르거나 프린트를 이상하게 보이게 하기 때문에 가독성에 방해가 된다. 또한 인터넷 사이트를 가리킬 때에 사용되는 익숙한 방식이다. 강조를 위하여 밑줄 긋기를 선택한다면, 밑줄 긋기가 잘못 읽히거나 독자에게 혼란을 끼치지 않도록 유의해야 한다. - 인용부호 : 인용을 위하여 혹은 단어, 문구에 대한 반어적 사용에 대한 주의를 불러일으키기 위하여 사용한다. 강조를 위한 사용은 자제한다. • **주의를 끌고 정보의 기억을 돕기 위해 색을 사용한다.** - 동일한 페이지 상에 너무 많은 색상은 혼란을 초래한다. 읽기에 어려움을 갖는 독자를 위하여 디자인을 한다면, 색상을 제한적으로 사용하는 것이 중요하다. - 특정한 색상이 한 영역 혹은 장에서 일관디게 사용되면, 어디를 읽고 있는지를 한 눈에 알 수 있게 한다. - 시각적인 흥미, 주의집중, 방향 안내를 돕기 위해 색상을 사용하도록 한다. - 정보를 이해하고 기억하기 쉽도록 색을 사용한다.
조직화	• **제목** - 제목 : 글이 무엇에 관한 것인가를 나타내는 제목과 함께 글을 소개하는 것이 중요하다. - 소제목 : 소제목과 부제목으로 텍스트를 조직하며, 독자들이 다음에 나올 내용을 예상하도록 돕는다. • **쪽번호** - 쪽번호는 대부분의 독자들이 일반적으로 예상하는 바와 같이 페이지 상의 바닥에 기입한다. 문서가 영역별로 조직되어 있다면, 각 영역에 보기

구분	내용
	쉬운 숫자 혹은 글자를 부여한다. - 쪽번호는 크게 쓴다. (약 16포인트) • **문단번호와 글머리표** - 문단번호와 글머리표가 두드러지게 나타나도록 하여 독자들이 주목하도록 이끈다. - 소개하는 문구를 문법적으로 완벽하게 작성하여야, 읽기에 어려움을 갖는 독자가 매 문단번호나 글머리표를 읽을 때마다 다시 소개 문구를 읽는 것을 방지할 수 있다. 또한 가능한 문단번호와 글머리표는 그 자체로 완성되도록 작성한다. • **체크리스트** - 글 전반에 걸쳐 나타나는 지시사항을 요약할 때 유용하다. 이는 기억을 상기시켜 주는 역할을 한다.
표지 및 두께	• **표지** - 표지는 일반적인 책자의 디자인과 이미지를 반영하도록 한다. - 책이 다르면 다른 표지를 사용한다. - 표지 디자인은 반드시 내용과 관련이 깊어야 한다. • **두께** - 청소년이나 성인을 위한 책은 일반 책에 비해 너무 얇은 책일 경우 이들의 자존감을 위해할 수도 있다. 따라서 여러 편의 짧은 글을 한 권으로 구성하는 등 한 권의 분량이 지나치게 얇기 보다는 적당한 볼륨감을 유지하도록 해야 한다.
전반적인 디자인	• **청소년이나 성인을 대상으로 할 때는 유치한 느낌을 주는 디자인은 피한다.** • **깨끗하고 정돈된 디자인을 선택하고 일관되게 사용한다.** - 독자의 책에 대한 첫인상을 좌우하는 것은 내용이 아니라 디자인이라는 점을 유념해야 한다. - 가독성을 높이기 위하여, 깔끔하게 정돈된 디자인을 일관성 있게 사용한다.

(손지영, 2013)

발달장애인법 시행을 준비하기 위한 보건복지부의 '발달장애인 정책 정보 접근성 제고에 관한 연구(강정배, 2015)'는 읽기 쉬운 정책 정보의 변환 절차를 공무원의 입장에서 2가지 유형의 (안)으로 제시하였다.

1안은 정책정보 관련 보도자료를 배포하는 해당 부서 담당자(공무원 등)가 지침에 따라 1차 변환을 실시하고 이에 대한 검증을 외부 기관에 의뢰하는 방안이다. 의뢰 받은 기관은 발달장애인 당사자 위원회를 통해 변환 자료에 대한 당사자의 의견서를 작성하여 담당자(공무원)에게 제공한다. 발달장애인 당사자 위원회를 운영하는 운영주체는 민법, 기타 법률에 따라 설립된 법인으로 발달장애인 지원 관련 업무를 수행하는 기관이나 기타 발달장애인 및 사회복지 관련 기관이 될 수 있다고 하였다. 실무자 1명을 포함하여 3~5명으로 이루어진 위원회는 보도자료 1건(10장 이하) 당 60만 원의 비용을 받는 것을 제시하였다.

2안은 정책정보 관련 보도자료에 대한 1차 변환과 2차 검증을 모두 외부 기관에 의뢰하는 방안이다. 발달장애인 당사자 위원회를 통한 당사자 감수 과정, 비용 등도 1안과 크게 다르지 않다. 다만, 2안의 경우 공무원이 해야 하는 고유 업무와 쉬운 정보 제작을 병행하는 것이 실제 어려운 상황임을 고려한다면 1안에 비해 현실적인 대안이라 볼 수 있다.

한국지적발달장애인복지협회는 CHANGE의 'How To Make Information Accessible'을 번역한 '발달장애인을 위한 쉽게 접근할 수 있는 정보 만들기'를 2015년, 2017년 각각 제작하였다.

2017년에 제작한 것은 2015년 제작 가이드의 개정판으로 협회가 쉬운 정보 제작한 경험을 토대로 쉬운 단어 사전, '한글' 프로그램을 활용한 쉬운 문서 만들기, 협회 발간 자료들을 부록으로 삽입하여 실무자들의 활용도를 높였다.

쉬운 단어 사전은 쉬운 문서 만들 때 사용할 수 있는 쉬운 단어와 어려운 단어의 설명을 예시로 보여 주었다.

[그림 2-3] 쉬운 단어 사전

쉬운 단어 사전 ＊쉬운 문서 만들 때 사용할 수 있는 쉬운 단어와 어려운 단어 설명 예시

일상단어	쉬운 단어/대체어	단어(용어) 설명
CCTV	시시티브이/ 상황관찰기	
DB	데이터 베이스	
E-mail	전자우편, 이메일	
FAX	팩스	
GDP	국내총생산	
H.P	핸드폰	
IT	정보기술	
LED	발광 다이오드(LED)	
MOU	엠오유, 인수합병	두 회사를 하나로 합함
para	단락	
PM	오후	
R&D	연구 개발	
S/W	소프트웨어	
SMS	문자 메시지	
T/F	특별팀	
가급적	할 수 있는 대로	
가이드라인	방침, 지침	방향과 목적을 알려주는 길잡이
가정		부모나 자녀들이 함께 생활하는 집
가중		책임이나 부담을 더 무겁게 함
가해자		남에게 피해를 입힌 사람
가혹		매우 모질고 악함
간음		결혼한 사람이 아닌 사람과 성관계를 했음
감금		사람을 강제로 일정한 곳에 가두어두는 것
감안하여	고려하여	

(한국지적발달장애인복지협회, 2017)

서울시읽기쉬운자료개발센터는 공공기관과 시민사회단체, 사회복지기관 종사자들이 현장에서 쉬운 자료를 만들 때 참고할 수 있는 '발달장애인이 읽기 쉬운 자료 제작 안내서(2018)'를 개발하였으며, 이는 '읽기 쉬운 자료 제작 가이드라인 및 전문가 양성 교육과정 개발 연구(2018)' 결과를 토대로 만들었다.

이 안내서는 쉬운 정보 제작의 과정을 5단계로 나누었으며, 단계별로 따라야 할 기본적인 가이드를 제시하고 있다.

〈표 2-15〉 발달장애인이 읽기 쉬운 자료 제작 단계 및 가이드

단계	세부내용
1단계 발달장애인 그룹을 구성한다.	1. 읽기 쉬운 자료를 함께 만들 당사자 그룹을 구성한다. 2. 문해력, 지적능력, 일상적 경험이 다양한 당사자들로 구성하는 것이 바람직하다. 3. 구성원 간의 관계, 친분 정도, 개별적 특성 등을 고려한다. 4. 지역사회의 자조모임을 통해 협업한다.
2단계 발달장애인의 비언어적 의사표현을 이해한다.	1. 읽기 쉬운 자료의 제작 시간을 충분히 확보한다. 2. 본격적인 회의 진행 전, 발달장애인들과 신뢰를 형성할 수 있는 프로그램을 기획하여 함께 한다. 3. 본격적인 회의 진행 전, 지원자는 발달장애인 개인의 비언어적 의사표현 방식을 이해해야 한다. 4. 발달장애인과의 회의는 면대면으로 진행한다. 5. 주의집중시간을 고려하여 작은 단위로 나누어서 의견을 수렴한다.
3단계 읽기 쉽게 변환할 주제와 목록을 구성한다.	1. 각자의 경험 나누기를 통해 읽기 쉬운 자료의 필요성과 중요성에 대한 공감대를 만든다. 2. 자료를 읽을 당사자의 욕구를 반영하여 정한다. 3. 발달장애인에게 필요한 시안들도 고려한다. 4. 더 많은 발달장애인에게 필요한 자료인지도 고려한다. 5. 배경정보를 충분히 설명하고 의견을 수렴한다.
4단계 기존 자료를 읽기 쉽게 바꾼다.	**4-1단계 발달장애인에게 친숙하고 쉬운 말로 바꾼다.** **(어휘)** 1. 기존 단어들을 발달장애인이 일상에서 쓰는 쉬운 말로 바꾼다. 2. 기존의 어휘에 대한 추가적인 설명을 한다. 3. 어휘들을 읽기 쉽게 바꾼다. **(문장)** 1. 짧은 문장으로 쓴다. 2. 문장 표현을 쉽게 바꾼다. 3. 문단을 간단하게 구성한다. **4-2단계 내용의 이해를 돕는 삽화를 만든다.** 1. 문장의 핵심 내용을 반영한 삽화를 만든다. 2. 특정 인물, 건물, 사물을 보여주고자 할 때는 사진을 사용할 수도 있다. 3. 정확한 내용 이해를 위해 추가적 정보를 삽화에 삽입한다. 4. 삽화를 이해하기 쉽게 디자인한다.

단계	세부내용
	4-3단계 내용의 이해를 돕는 추가적인 정보를 넣는다. 1. 다양한 방법으로 정보를 제공한다. 2. 글의 구조를 파악할 수 있는 정보를 제공한다. 3. 중요한 정보와 핵심개념을 강조한다.
	4-4단계 내용의 이해를 돕는 디자인을 한다. 1. 명확하고 읽기 쉬운 형태의 글자로 수정한다. 2. 문단 구성을 읽기 쉽게 수정한다. 3. 텍스트와 삽화를 읽기 쉽게 배치한다. 4. 색상은 읽기 쉽고 구별이 잘 되도록 디자인한다. 5. 읽기 쉽게 인쇄한다. 6. 더 많은 정보를 얻을 수 있는 방법(예, 전화 번호, 이메일, 홈페이지 주소 등)을 함께 제시한다. 6. 다양한 독자층을 위해 읽기 쉬운 자료 외에 다른 대안도 고려해 본다.
5단계 발달장애인과 전문가의 자문을 받는다.	1. 자료 인쇄 전, 발달장애인에게 최종본에 대한 감수를 받는다. 2. 구성원들의 경험과 언어표현을 촉진할 수 있는 다양한 시각 자료를 준비한다. 3. 필요시 관련 종사자나 전문가 등 다양한 사람의 자문을 받는다.

(서울시읽기쉬운자료개발센터, 2018)

3장

쉬운 정보에 대한 여덟 가지 질문

1절 쉬운 정보는 누구에게 필요한가?

　모든 사람들이 유사한 수준의 문해력이나 이해력을 지니고 있지 않기 때문에 다수의 사람이 보는 정보에서 일부가 배제될 수 있다. '넘쳐나는 정보'와 '부족한 정보' 사이에서 형성되는 보이지 않는 장벽은 누군가 평등한 시민이 되어 완전한 사회 참여를 하는데 방해를 한다(Make it simple, 1998).

　그렇다면, 쉬운 정보는 누구에게 필요한가? 쉬운 정보는 다수가 보는 정보로부터 소외받기 쉬운 사람들 – 다수가 사용하는 어휘를 이해하거나 활용하는데 상대적으로 제약이 있는 사람들에게 필요하다.
- 발달장애인
- 경계선 지능 청소년
- 언어를 배우고 있는 어린이
- 인지 변화를 겪고 있는 노인
- 한국어가 익숙하지 않은 외국인 등이 대체적으로 그렇다.

또한 최근에 정보 활용에 있어 문자매체 보다 영상매체가 부상하면서 문해력이나 이해력의 수준과 무관하게 많은 사람들이 글자로 된 정보를 접하고 이해하는 데 어려움을 보이기도 한다. 이러한 시대 현상은 쉬운 정보가 단순히 특정 집단에게만 유용한 것이 아닌, '모두를 위한 쉬운 정보' 즉 유니버설 디자인(Universal Design) 관점의 정보임을 의미한다.

모두를 위한 쉬운 정보이니, 모든 발달장애인에게도 유용할까? 모든 사람은 읽고 쓰는 능력이 다르며, 발달장애인 또한 그렇다. 경증의 발달장애인은 많은 사람들이 활용하는 대중적인 글을 읽을 수 있고, 중경증의 발달장애인은 짧고 쉬운 글을 읽을 수 있으며, 중증의 발달장애인은 스스로 읽을 수는 없지만 다른 사람이 읽어주는 것을 좋아할 수 있다(Make it simple, 1998).

즉, 모든 발달장애인이 쉬운 정보를 필요로 하거나 의미 있게 활용할 수 있는 것은 아니다. 언어의 이해와 활용이 어려운 중증의 발달장애를 가진 사람은 쉬운 정보 보다 그림카드와 같은 보조도구를 사용하거나, 평소 잘 아는 사람 등의 인적 지원이 필요하다.

〈표 3-1〉 발달장애인 정보 접근 지원 방법

구분	내용
그림자료	- 언어의 이해나 표현이 어려운 상대적으로 중증의 장애를 가진 사람 - 그림 카드 등을 활용에 필요한 것을 설명하는 방식
쉬운 정보	- 쉬운 글과 이미지로 이루어진 정보 - 글을 읽고 이해한다는 것, 그리고 그것을 정보로서 활용한다는 것에 동의하는 사람 - 필요시 지원자가 교육자료, 설명자료 등으로 활용
인적 지원	- 활동지원사, 후견인과 같은 공식적 인적 지원과 가족, 이웃, 종교 관계자 등 비공식적 인적 지원으로 이루어짐 - 발달장애인의 상황, 특성, 요구를 이해하고 그에 맞추어 개별화된 지원이 가능함.

발달장애인의 정보 접근을 지원할 때 〈표 3-1〉의 방법 중 1가지를 선택하는 것이 아니라 발달장애인의 요구와 환경에 따라 선택적으로 활용되어야 하며, 필요시 여러 가지 방법이 함께 병행될 수도 있다. 즉, 발달장애인에게 정보 접근을 지원하는 것은 기계적으로 정해진 방법이 있는 것이 아니며, 정보의 주제와 내용, 정보가 필요한 상황, 발달장애인의 요구와 경험 등에 따라 유연하게 적용, 지원되어야 한다.

> **[덧붙이는 이야기]**
> 쉬운 정보는 발달장애인의 정보 접근을 지원하는 다양한 방식 중 하나며, 발달장애인에게 쉬운 정보는 필요조건이지 충분조건이 아니다. 개개인이 가진 특성과 요구를 고려하여 정보 접근을 지원했을 때, 효과적인 정보의 습득과 활용이 이루어지고 이를 통해 비로소 '알 권리'가 실현된다.

2절 어떤 주제를 쉬운 정보로 만들 것인가?

정보는 크게 필요한(needs) 정보와 원하는(wants) 정보로 나눌 수 있는데, 사람에 따라 어떤 것을 반드시 필요로 하고, 어떤 것을 알고 싶어 하는지는 사람에 따라 모두 다르다. 중요한 것은 정보 접근은 '알 권리' 차원에서 고려되어야 하며 쉬운 정보는 정보 접근을 지원하는 다양한 방법 중 하나라는 것이다.

그럼, 발달장애인에게는 어떤 주제의 쉬운 정보가 필요한가? '알 권리' 관점에서 바라본다면 발달장애인이 필요로 하는(needs) 정보와 원하는(wants) 정보는 기본적으로 모두 쉬워야 하며, 당사자의 필요와 선호에 의해 언제든 선택하여 활용할 수 있어야 한다. 즉, 발달장애인이 접하는 모든 정보가 쉬워야 한다.

국내에서 쉬운 정보를 제작하는 대표 기관인 서울시읽기쉬운자료개발센터, 소소한소통, 피치마켓 등이 만든 쉬운 정보를 살펴보면, 그 주제의 다양성을 알 수 있다. 서울시읽기쉬운자료개발센터는 2018년부터 서울시의 예산으로 장애인단체가 위탁 운영하고 있으며, 매년 다양한 주제의 쉬운 정보를 만들어 현장에 배포하고 있다.

〈표 3-2〉 서울시읽기쉬운자료개발센터에서 제작한 쉬운 정보

구분	내용
2018년 (총 6종)	- 소중한 나의 권리 - 소중한 나의 건강 - 소중한 나의 안전 ①(날씨를 중심으로) - 소중한 나의 안전 ②(불, 전기, 가스를 중심으로) - 발달장애인이 행복한 서울을 약속합니다 - 서울을 가지세요 (읽기 쉬운 서울시 서비스)
2019년 (총 8종)	- 반려동물과 생활하기 - 일회용품 줄이기 - 아파트 생활하기 - 신용카드 사용하기 - 응급의료 알아보기 - 핸드폰 이용하기 - 인터넷 사용하기 - 학교폭력 대처하기
2020년 (총 14종)	- 1인 가구 - 조리도구 사용법 - 1인 가구 - 집에서 만드는 간식 - 여가생활 즐기기 - 학교 안전 - 직장 내 괴롭힘 - 직장 내 성희롱 - 코로나19 예방하기 - 마스크 사용하기 - 올바른 손 씻기 - 생활 속 거리두기 - (동화) 오늘 아침 정윤씨 - (동화) 할아버지와 염소 - (동화) 그런 뜻이 아니야 - (동화) 그 글은 마치 마법가루 같았다.

소소한소통은 2017년 설립된 쉬운 정보 제작 전문 사회적기업이다. 공공과 민간의 의뢰를 받아 기존의 어려운 정보를 쉬운 정보로 바꾸는 일을 주로 하고 있으며 그 외에 자체 도서, 매거진 등을 출판하거나 일상에 필요한 정보를 쉽게 설명하는 카드뉴스 등 온라인 콘텐츠를 만들어 배포하기도 한다.

〈표 3-3〉 소소한소통에서 제작한 쉬운 정보 (일부 사례)

구분	내용
<외부 의뢰> 정부, 공공기관, 지자체 정책/서비스 관련 사례	- 발달장애인을 위한 복지서비스(보건복지부, 장애인개발원) - 장애인복지 정보 안내(부평구) - 주간활동서비스 안내자료(지역발달장애인지원센터) - 발달장애인 실종 예방을 위한 사전지문등록 안내(경찰청) - 장애인학대 예방과 신고(중앙장애인권익옹호기관) - 서울시 이룸통장 안내자료(서울시복지재단) - 직장 내 장애인인식개선 교육자료(한국장애인고용공단)
<외부 의뢰> 주제별 사례	- <안전> 장애인을 위한 코로나19 안내서(보건복지부), 국민행동요령 포스터(한국장애인개발원) - <직업> 발달장애인 보조코치 매뉴얼(행복한우리복지관), 농사매뉴얼(교남어유지동산), 바리스타 매뉴얼(한국장애인개발원) - <일상> 요리하기(시흥시장애인가족지원센터), 날씨와 옷 입기(장애인지역공동체), 대구 지하철 이용안내(대구발달장애인지원센터) - <양육> 임신·출산양육 안내(제주도장애인복지관) - <자립> 자립생활주택 이용 안내(대구사람장애인자립생활센터), 지역생활 안내(장봉혜림원) - <문화여가> CGV 앱 이용 안내, 남산골 한옥마을 여행코스 안내
<자체 제작> 도서	- 누워서 편하게 보는 복지용어 : 복지서비스 이용 시 접하게 되는 전문용어를 쉽게 설명한 책 - 어려운 구인공고는 이제 그만 : 채용 과정에서 인사 담당, 직업재활사 등이 쉬운 정보를 활용하도록 안내하는 책 - 나도 이제 직장인 : 발달장애인을 위한 취업 정보 도서 - 내일도 출근합니다 : 사회초년생 발달장애인을 위한 직장생활 적응 정보 도서 - 서툴지만 혼자 살아보겠습니다 : 자립생활을 먼저한 발달장애인이 알려주는 쉬운 살림 노하우 - 선거를 부탁해 : 2020년 총선 관련 쉬운 선거 안내 - 너와 함께 반짝반짝 : 발달장애인의 반려생물 이야기

또한 소소한소통은 쉬운 정보를 문서 형식에 그치지 않고 삶의 공간 안에서 접하는 모든 정보가 모두 쉬워질 수 있도록 사인물, 메뉴판, 영상 등 다양한 형식으로도 구현하고 있다.

[그림 3-1] 소소한소통에서 만든 다양한 형식의 쉬운 정보

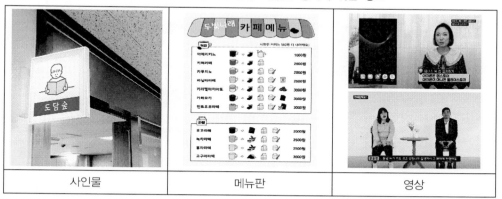

| 사인물 | 메뉴판 | 영상 |

피치마켓의 경우 발달장애인을 포함한 느린학습자의 실질 문맹 개선을 위해 쉬운 글, 특히 쉬운 도서를 만드는 비영리 사단법인으로 학습, 교육자료에 특히 관심을 갖고 활동하고 있다. 세계명작, 청년필독서, 자기계발서 등을 쉬운 도서로 만들고 역사, 과학, 사회 등 학교의 교과목과 관련된 학습 자료를 개발한다.

[그림 3-2] 피치마켓의 쉬운 도서

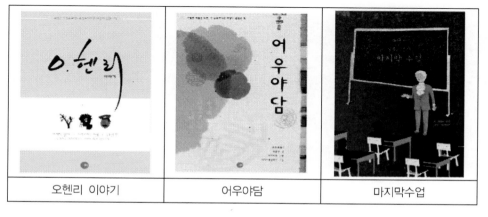

| 오헨리 이야기 | 어우야담 | 마지막수업 |

발달장애인이라고 해서 특별한 정보를 원하는 것은 아니다. 발달장애인 또한 지역사회의 다른 사람들과 유사한 정보 욕구를 가지고 있으며, 시민들이 일상에서 활용하는 정보에 동등하게 접근할 필요가 있다.

- 뉴스, 쇼핑 정보, 시민의 권리와 의무, 서비스 이용 방법, 여가 정보, 교통 정보 등

이런 기본적인 정보 외에도 비장애인은 도움 없이 할 수 있는 것들 중 발달장애인에게는 도움이 필요한 정보 - 예를 들어, 대중교통 이용 방법, 병원 이용 방법, 불편 사항에 대한 민원 제기 방법 등 - 에 대한 정보도 필요하다(Make it simple, 1998).

이렇듯 발달장애인에게 필요한 쉬운 정보의 주제는 다양하다. 그럼에도 불구하고, 한정된 자원에서 우선순위에 의해 쉬운 정보를 활용해야 한다면 안전과 권리에 영향을 미치는 주제부터 우선 쉽게 바꾸는 게 좋다. 특정 정보를 모르거나 잘못 알고 한 선택의 손해나 부정적 영향이 큰 주제부터 쉽게 제공하는 것이다. 예를 들어 장애연금을 신청할 수 있는 자격이 있는 발달장애인이 정보를 몰라 혜택을 받지 못한다거나, 자신이 갖고 있는 질병에 대한 잘못된 이해로 건강관리를 잘못하는 일이 없도록 관련 정보를 우선적으로 쉽게 제공해야 한다.

[덧붙이는 이야기]

쉬운 정보를 필요에 따라 직접 제작하는 것도 좋지만 그 전에 기존에 유사한 종류의 정보가 없는지, 최대한 기존의 정보를 활용할 수 있도록 먼저 알아보고 조사하는 것 또한 중요하다. 쉬운 정보 제작은 많은 시간과 비용이 필요하기 때문에 자원이 한정된 사회복지 조직에서는 기존의 콘텐츠를 찾고 활용하는 것이 더 효과적일 수 있기 때문이다.

3절 '쉽다'는 것의 기준은 무엇인가?

'쉬운 정보가 정말 쉬운가?' 라는 질문의 정답은 독자가 갖고 있다. '쉽다' 라는 것은 절대적 기준이 있는 것이 아니라, 독자마다 지닌 기본 지식, 문해력, 경험 유무 등이 조합되어 결정되는 상대적, 주관적 기준이다.

따라서 쉽게 이해되는 정보인지는 독자만이 판단할 수 있으며, 쉬운 정보를 제작하는 사람이 제작 과정 안에서 독자인 발달장애인을 이해하기 위해 노력했는지, 더 쉽게 만들기 위해 감수의 과정을 거쳤는지 등이 독자가 쉽게 이해하는 데 영향을 미친다. 즉, 쉬운 정보를 제작하는 사람의 태도와 가치가 '쉽다'는 것을 결정짓는다 해도 과언이 아니다.

그렇다면 쉬운 정보 제작 과정에서 어떤 것을 고려해야 쉬운 정보가 될 수 있을까? 크게 발달장애인에 대한 이해와 참여로 나누어 이야기할 수 있다.

첫째, 독자인 발달장애인의 특성을 파악하고 제작 과정 전반에서 그 특성을 기억하고 고려한다. 정보와 관련된 경험을 갖고 있는지, 기본 지식 등이 있을지를 알아보는 것이다. 예를 들어 '줌 사용법' 이라는 쉬운 정보를 만들려고 할 때, 해당 정보를 활용할 우리 기관의 발달장애인 이용자를 떠올리며 독자를 파악한다. 필요시 인터뷰를 할 수도 있다.

- PC나 노트북을 가지고 있나? 아니면 스마트폰으로 사용할까?
- 인터넷이나 스마트폰 사용은 익숙한가?
- 영상통화 등을 직접 해 본 경험이 있을까?
- 유튜브, 페이스북 등을 활용하고 있을까?
- 만약 책자를 보고 혼자 따라 하기 어려울 경우 주변에 가족 등 도와줄 사람이 있나?

이렇게 질문하고 답을 찾는 과정에서 독자인 발달장애인의 특성과 경험을 파악할 수 있고 쉬운 정보의 내용이나 수준, 범위 등도 결정할 수 있다.

둘째, 당사자의 참여를 최대한 이끌어낸다. 발달장애인은 쉬운 정보의 독자이기도 하지만 쉬운 정보의 질을 관리하는 컨설턴트가 되기도 한다. 지역사회에서의 다양한 경험이 발달장애인에게 그러한 역할을 부여하는 것이다.

처음 기획 단계에서 발달장애인 당사자 그룹 인터뷰 등을 통해 정보의 세부 주제, 목차 등을 구성할 수 있다. 쉬운 정보가 어느 정도 완성된 단계에서는 글의 내용이 이해가 잘 되는지, 이미지가 정보를 잘 담고 있는지 등의 적절성을 검토 받는다. 〈표 3-4〉는 쉬운 정보 제작 과정에 발달장애인이 어떻게 참여할 수 있는지 설명하고 있다. 이러한 발달장애인의 참여 과정은 쉬운 정보의 완성도를 높이는데 큰 기여를 한다.

〈표 3-4〉 쉬운 정보 제작 단계별 발달장애인의 참여 내용

구분	내용
개발	- 발달장애인에게 필요한 것이 무엇인지 당사자가 가장 잘 알기 때문에 전문가다. - 가능한 기획 초기 단계부터 발달장애인의 의견을 듣는다. 이 과정에서 쉬운 정보의 목적, 주제, 내용, 활용 방법 등을 함께 결정한다.
제작	- 발달장애인에 따라 글쓰기, 한글 입력하기(타자치기), 그림 그리기, 사진 촬영하기 등에 참여할 수 있다. - 발달장애인으로부터 제작 중간에 피드백을 받아, 발달장애인이 원하는 것 중 빠지는 것이 있다면 보완하여 담도록 한다.
감수	- 최종 인쇄 전에 감수를 받는다. - 글이 쉬운지, 이미지가 전달하는 내용을 이해하는지 확인한다. - 감수자로 참여하는 발달장애인이 대표성을 가졌는지 확인한다.

(Scope, 2017)

[덧붙이는 이야기]
쉬운 정보 제작에 참여하는 발달장애인은 실무자와 동등한 위치를 가져야 한다. 쉬운 정보 제작자인 실무자와 발달장애인의 권력이 불균형하다는 분위기가 암묵적으로 형성되어 있다면, 발달장애인의 의미 있는 참여를 효과적으로 이끌어내기 어렵다.
발달장애인 당사자의 경험을 또 다른 전문성과 역량으로 인정하고, 공동생산(co-production)의 차원에서 동등한 위치에서 제작참여할 때 쉬운 정보는 더 쉬워질 수 있다.

4절 어휘의 선택 : '서비스' 라는 표현 사용해도 될까?

쉬운 정보에서 전문용어, 한자어, 외래어 등은 가급적 사용하지 않는다. 하지만 전문용어, 한자어, 외래어라고 하더라도 지역사회, 일상생활에서 흔히 사용하는 표현일 경우 있는 그대로 사용하고 그 뜻을 쉽게 설명한다.

또한 복지서비스 명칭, 질병 이름, 기관 이름 등은 어렵지만 고유명사이기 때문에 그대로 사용하고, 일상에서 많은 사람들이 익숙하게 사용하는 외래어나 신조어의 경우도 그대로 사용하고 의미를 알려주는 것이 적절하다.

대부분의 국내외 가이드는 일상적인 단어를 사용하고 어려운 단어를 피해야 한다고 제시하고 있으나 일상적인 단어와 어려운 단어에 대한 명확한 정의는 존재하지 않는다. 하지만 발달장애인의 경험이나 의견에 따르면 다음과 같은 경우, 일상적인 단어로 볼 수 있다(Access Easy English, 2019).

- 소비자들이 일반적으로 사용하는 단어
- 짧고 한 음절의 단어
- 발달장애인이 쉽게 말할 수 있는 단어

쉬운 정보 관련 실무자 대상 교육을 하다 보면 '서비스라는 표현은 영어인데 사용해도 될까요?' 라는 질문을 종종 받는다. 발달장애인은 어려서부터 다양한 복지서비스를 이용한 경험을 갖고 있다. '서비스'는 영어이지만 발달장애인이 일상에서 자주 사용하는 표현이기 때문에 그대로 사용해도 되는 표현이다.

이러한 어휘 선택에서 중요한 기준은 '알아두어야 할 표현인가', '일상에서 자주 사용하는 표현인가' 다. 어렵지만, 일상에서 자주 쓰기 때문에 쉬운 표현으로 대체하였을 때 오히려 의사소통에 방해가 되는 경우가 있다. 쉬운 정보는 '알 권리' 측면에서도 중요하지만 그 기본 전제에는 타인과 함께 사는 삶이 고려되어야 한다.

<표 3-5> 그대로 사용할 어휘와 대체해야 할 어휘의 예

그대로 사용할 어휘	대체해야 할 어휘
권리, 개인정보, 소개, 서비스, 신청, 스마트폰, 앱, 이용, 입금, 출금, 홈페이지 등	개인별, 사례관리, 서비스 모니터링, 선도, 접수, 초기, 해소, 협력 네트워크 등

쉬운 정보를 제작하는 것이 익숙하지 않은 사람들이 흔히 하는 실수 중 하나가 어휘 하나하나에 집중하여, 어려운 어휘를 쉬운 어휘로 바꾸는 것에 치중하는 것이다. 쉬운 정보는 단순하게 쉬운 어휘를 사용하는 것이 아니다. 반드시 알아야 할 핵심 정보를 쉽게 설명하는 것이 목적이기 때문에 어휘 하나하나에 얽매이기보다 전반적인 맥락 자체가 쉬운지에 집중해야 한다. 또한 어휘 뿐 아니라 문법 구조, 문장부호, 숫자 표기 등도 쉽고 직관적으로 이해할 수 있도록 고려해야 한다.

<표 3-6> 접근 가능한 글쓰기를 위한 기준

구분	내용
단어	- 분명하고 간단한 일상적 언어를 사용한다. - 너, 나, 우리와 같은 개인적인 표현을 사용한다. - 적극적인 표현을 사용하여 깊게 관여할 수 있도록 돕는다. (예 : 우리가 말해줄 것이다 → 네가 알게 될 것이다.) - 전문용어나 복잡한 단어는 사용하지 않는다. 꼭 알아야 할 표현이라 사용할 경우, 쉬운 설명을 제공한다. - 어려운 단어가 자주 나오는 정보의 경우 알아두어야 할 단어 목록을 별도로 제시한다. - 같은 표현의 단어는 일관성을 유지하여 동일한 표현을 사용한다. - 독자가 성인일 경우, 성인이 사용하는 표현을 쓴다. - 대중적이지 않은 줄임말 등을 쓰지 않는다. - 문장은 짧고 명확해야 한다. - 한 문장은 하나의 정보만 담아야 한다.
문법	- 그리고, 그러나와 같은 전치사로 문장을 시작해도 된다. - 대명사 대신 명사를 사용한다. 만약에 대명사를 사용할 경우, 대명사가 누구 또는 무엇을 가리키는지 명확히 한다. - 과거 시제 보다 현재 시제를 사용한다.
문장부호	- 문장부호는 간단한 것을 사용한다. 세미콜론, 콜론, 하이픈, 너무 많은 쉼표는 사용하지 않는다. - #, &, %, ~ 등과 같은 기호는 가급적 사용하지 않는다.

구분	내용
숫자	- 숫자는 글자가 아닌 아라비아 숫자로 표현한다. - 가급적 퍼센트 개념은 사용하지 않는다. 10중에 1, 일부 등과 같은 표현을 쓴다. - 큰 단위의 숫자는 피하고 '많이'라는 표현을 쓴다. - 시간은 24시간제가 아닌 12시간제를 사용한다. (예. 14시 → 2시)

(Scope, 2017)

[덧붙이는 이야기]

쉬운 정보를 제작하는 전반의 과정이 어렵지만 쉬운 글을 쓰는 과정이 제일 그렇다. '쉽다'의 상대적, 주관적 특성이 제일 극대화 되는 영역이 글이기 때문이다. 어휘 하나하나를 선택하는 것에 자신감을 갖지 못한다면 글 쓰는 것에서 멈추고 쉬운 정보가 완성되지 못할 수 있다. 당사자의 특성을 고려하여 최대한 쉽게 쓰되, 거슬리거나 신경 쓰이는 어휘에 계속 얽매이지 말고 당사자 감수 과정을 통해 점검 받고 수정하도록 한다. 쉬운 정보를 제작하는 경험이 쌓이면서 쉬운 정보에 적절한 표현, 어휘 등의 기준이 함께 쌓이는 것을 경험할 수 있을 것이다.

5절 이미지의 선택 : 어떤 이미지를 어디에 사용해야 할까?

쉬운 정보에서 이미지의 역할은 중요하다. 일러스트와 사진을 주로 사용하는데 둘 다 '심미성'이 아닌 '정보 전달'에 초점을 두고 사용을 결정해야 한다. 일부 국내외 가이드에서는 상징이나 심벌을 사용하도록 하고 있지만, 정보 전달 측면에서 상징이나 심벌은 직관적으로 이해하기 어렵기 때문에 쉬운 정보에서 보조적 이미지로 적절하지 않다.

이미지를 사용하는 것은 어려운 글에 대한 이해도가 낮은 사람에게 유용한 도구가 되며, 글로만 된 정보 보다 흥미와 친근함을 더해 준다. 하지만 모든 글에 이미지가 꼭 필요한 것은 아니며, 오히려 정보 전달에 방해가 될 수 있기 때문에 어떤 곳에 이미지가 필요한지 결정해야 한다. 글에 맞는 이미지를 억지로 끼워 넣다 보면 이미지가 추상적이 될 수 있기 때문에 오히려 정보 이해에 방해가 되기도 한다.

또한 어떤 경우 '쉬운 정보 = 이미지가 많은 정보'로 오해하기도 하는데, 어디까지나 이미지는 정보 전달을 하는 게 목적이기 때문에 필요한 부분을 잘 선별하여 활용할 수 있도록 한다.

일러스트와 사진 중에 일러스트는 자세한 상황을 설명할 때 적절하다. 글에서 전달하고자 하는 정보에 여러 인물이 등장해서 어떤 행동을 하거나, 추상적인 개념을 쉽게 전달해야 하거나, 발달장애인이 직접 경험해 보지 못한 일인 경우에는 특히 일러스트를 사용한다.

[그림 3-3] 쉬운 정보에서 일러스트와 사진의 사용

일러스트	사진
핸드 드립 종이필터에 뜨거운 물을 천천히 부어 커피를 만듭니다.	커피가루, 우유, 물 등이 커피 머신 주변에 흘러 있으면 행주로 닦습니다.

(소소한소통, 2018)

[그림 3-3]은 발달장애인 바리스타 매뉴얼 내용 중 일부이다. 바리스타 업무를 설명하는데 있어 특정 사물의 사용법을 설명할 때는 해당 사물의 사진을 직접 활용하여 생동감 있는 정보를 전달하였으며, 행동이나 행위가 중요한 경우 일러스트를 활용하여 해야 하는 것의 정보 전달에 집중한 것을 알 수 있다.

일러스트를 사용할 때는 일상의 언어를 사용하는 것과 마찬가지로 일상을 담은 그림을 사용해야 한다. 추상, 상징적 요소는 최대한 지양하고 현실에서 겪거나 마주할 법한 일러스트를 사용한다.

일러스트에서 인물이 등장할 경우 인물의 통일성을 유지하는 것이 중요하다. 발달장애인, 실무자, 부모가 등장할 경우 각각의 캐릭터들이 쉬운 정보 안에서 일관된 얼굴, 머리 스타일, 복장을 하고 있어야 이해하는 데 도움이 된다. 필요한 일러스트만 심플하게 표현하고, 칼라도 최소한으로 사용하여 화려해지지 않도록 한다. 또한 등장하는 인물을 표현할 때는 인권 감수성, 성인지 관점에서도 주의해야 한다.

사진은 특정 인물, 장소, 사물 등을 설명할 때 적절하다. 다만 사진 안에 담긴 정보나 사물이 너무 많다면 보는 사람에 따라 중요하게 보는 지점이 다를 수 있기 때문에 특정 정보에 집중하여 전달할 수 있도록 사진 안의 배경, 인물, 사진 등을 잘 정돈해야 한다. 사진 안에서 특정 정보를 부각해야 한다면 [그림 3-4]와 같이 화살표, 동그라미, 선 등을 추가적으로 활용하여 해당 정보에 시각이 집중할 수 있도록 한다.

[그림 3-4] 강조해야하는 정보 추가 편집한 사진

(소소한소통, 2020)

하나의 정보 안에서 일러스트와 사진을 같이 사용하기 보다는 하나로 통일하여 톤 앤 매너를 지킬 수 있도록 한다. 정보 전달을 목적으로 하는 것에는 산만함을 덜 느끼고 집중할 수 있는 환경을 만들어 주는 것도 중요하기 때문이다. 하지만 정보 전달 측면에서 일러스트와 사진이 모두 필요할 경우, 톤 앤 매너보다 정보 전달을 우선하여 결정한다.

일러스트를 직접 그리거나 사진을 직접 찍지 않고, 기존의 이미지 자료를 사용할 때는 저작권을 반드시 주의해야 한다. 사회복지 현장의 실무자는 영리적 목적이 아니라는 이유로 저작권에 대한 민감성이 떨어지는 경우가 많은데 이미지 사용에 있어 저작권은 가장 기본적인 확인 사항 중 하나다. 반드시 저작권상 문제가 없는지 확인 후 사용한다.

[덧붙이는 이야기]
이미지가 많으면 많을수록 쉽다고 잘못 생각하는 사람들이 있다. 쉬운 정보에서 이미지가 중요한 역할을 하지만, 그 수가 많다고 정보 전달에 긍정적인 것은 아니다. 꼭 필요한 곳에 알맞은 이미지가 사용되는 것이 중요하다. 같은 맥락에서 모든 문장마다 이미지가 필요한 것은 아니다. 쉽게 쓴 글이라 하더라도 추상적인 의미를 지닌 경우, 이미지로 표현하는 것은 제한적일 수밖에 없다.

6절 쉬운 정보만의 편집 기준이 있는가?

편집 디자인은 글과 이미지의 적절한 배치를 통해 정보를 효과적으로 전달하는 역할을 한다. 글을 쉽게 쓰고, 정보 전달력이 높은 이미지가 더해지더라도 편집 디자인이 쉬운 정보 관점에 맞지 않다면 쉬운 정보로서의 기능은 하지 못한다. 언뜻 보면 디자인 요소를 최소화 한 디자인이라 생각하는데, 쉬운 정보에서 편집 디자인이 챙겨야할 요소가 적지 않다. 기존의 편집 방식과는 다른 어색함을 이겨내야 하는 용기도 필요하다. 그렇다면, 쉬운 정보만의 편집 기준이 있는가?

문장의 정렬은 좌측 정렬로 한다. 문장이 길어 줄 바꿈을 할 때는 단어가 끊기지 않도록 하고, 문장의 의미가 끊어지는 곳에서 한다. 좌측 정렬을 하다보면 오른쪽의 여백과 공간이 어색할 수 있으나, 가독성을 우선 고려한다.

[그림 3-5] 좌측정렬 편집 디자인

'너와 함께 반짝반짝' 본문	'서툴지만 혼자 살아보겠습니다' 본문
음식을 만들어요 음식을 만들기 전에 기억할 게 있어요! - 좋아하는 것만 하지 말고 여러 가지를 골고루 먹을 수 있게 만들기 - 너무 맵거나 짜게 하지 않기 - 음식을 만들기 전에 손을 깨끗이 씻기 그럼 이제 한국인의 냉장고에서 빠지지 않는 재료들로 찌개 1개, 반찬 1개를 만들어볼게요. 순서에 따라 차근차근 만들어보세요.	개 개는 전 세계에 400개의 종류가 있다. 꼬리가 짧고, 귀는 세모 모양이다. 보통 앞발의 발가락은 5개, 뒷발의 발가락은 4개다. 개는 12년에서 16년 정도 살고, 한 번에 새끼를 5마리 정도 낳는다. 개는 종류에 따라 몸집이 다르다. 다 자라도 작은 게 있고 어릴 때부터 큰 것도 있다. 털 길이, 몸 색깔도 아주 다양하다. 개는 사람에게 가장 친숙한 동물이다. 사람들은 말티즈, 푸들, 진돗개 등을 많이 키운다.

(소소한소통, 2019-2020)

줄 간격이 빽빽한 것은 글을 보는 걸 힘들게 한다. 판형과 정보의 양을 고려하여 한글 기준 180% 이상의 줄 간격을 확보한다. 문단이 바뀌는 곳은 줄 간격 보다 더 여유를 주어 시각적으로 정보가 분리된 것을 확인할 수 있도록 한다.

해외 가이드의 대부분이 이미지를 글의 좌측에 배치하도록 제시하고 있으나, 반드시 좌측에 있어야 하는 것은 아니다. 글과 이미지의 매치가 명확하게 되는 것이 중요하므로 위치보다 어울림과 조화를 고려한다.

쪽수는 편의성을 위해 표기하는 것이 좋으며, 설명 자료나 교육 자료로 활용하는 경우에는 반드시 포함하도록 한다. 쪽수는 본문과 헷갈리지 않도록 위치를 결정한다.

글자는 기본적으로 고딕체나 명조체를 사용한다. 해외의 가이드에서는 대부분 세리프가 없는 고딕체를 쓰도록 하고, 아주 소수의 일부 가이드에서만 명조체를 추천한다. 한글은 영어와 글자 구조 자체가 다르고 우리나라는 교과서, 책, 보고서 등에서 명조체 사용 비율이 높기 때문에 명조체가 쉬운 정보에서 적합한 폰트라 생각한다. 중요한 것은 여러 종류의 폰트는 복잡해 보일 수 있으므로 하나의 정보에서 2개 이하의 폰트만 사용하도록 한다.

폰트의 크기는 대체적으로 12~14포인트가 적절하다. 판형과 한 면의 정보의 양을 고려하여 12~14포인트 안에서 결정하되, 정보의 성격과 분량에 따라 유연하게 적용하도록 한다.

글과 배경의 색상이 명확하게 다르도록 한다. 흰 배경에 검정 글씨가 가장 무난하며, pdf로 배포하는 자료는 흑백 프린트를 할 것을 고려하여 색상의 명도, 채도 대비를 고려하는 것이 좋다.

글을 강조할 때는 글자의 크기를 키우거나 굵기를 굵게 하고, 눈에 잘 띄는 색을 사용한다. 글자에 기울기를 하거나, 그림자를 넣는 것, 것 등은 오히려 가독성에 방해가 되니 주의한다.

[덧붙이는 이야기]
화려한 편집 보다는 심플하고 직관적인 편집 디자인이 쉬운 정보에 적절하다. 특히 왼쪽 정렬의 문단 정렬은 기존의 편집 디자인에 익숙한 사람에게는 어색해 보일 수 있다.
하지만, 쉬운 정보에서 편집 디자인은 이미지(삽화, 사진)와 마찬가지로 심미성 보다는 정보 전달 즉, 가독성을 우선하기 때문에 쉬운 정보만의 편집 방식에 익숙해질 필요가 있다.

7절 당사자 감수는 어떻게 하나?

쉬운 정보에서 당사자 감수는 정보의 완성도를 높이는 데 있어 가장 중요한 과정이다. 발달장애인은 쉬운 정보의 독자이자 쉬운 정보의 질을 관리하는 중재자가 되기도 한다. 쉬운 정보가 그 목적에 맞게 사용되기 위해서는 당사자 감수를 통해 정보 전달이 충분히 되는지, 어려운 곳은 없는지, 이미지의 뜻은 쉽게 이해되는지 등을 점검하도록 한다.

당사자 감수는 구체적으로 어떻게 진행해야 할까? 당사자 감수회의는 반드시 대면 방식으로 실시해야 한다. 함께 읽어보며 이야기를 나누는 과정이 중요하기도 하고, 한편으로는 발달장애인 감수위원이 비언어적으로 표현하는 감수 의견도 중요하기 때문이다. 예를 들어 어떤 문장을 볼 때는 편안한 표정으로 보는데 다른 문장을 볼 때는 미간을 찌푸리며 오래도록 본다든지, 이해가 되었냐는 질문에 선뜻 대답하지 못하고 다른 사람 눈치를 본다든지 하는 비언어적 표현을 알아차리고 반영할 수 있어야 한다.

감수위원으로 참여하는 발달장애인은 우선 기본적인 문해력이 있어야 한다. 또한 문해력 외에 어려운 정보에 대한 불편한 경험이나 불만을 갖고 있는 사람이라면 더 좋다. 쉬운 정보의 필요성에 기본적인 공감이 되어 있기 때문에 그 누구보다 적극적으로 감수 활동에 참여한다.

자발성도 중요하다. 자발성에 미치는 영향은 여러 가지가 있을 수 있다. 자신과 같은 장애를 가진 사람들을 위하여 쉬운 정보를 감수라는 중요한 역할을 해낸다는 보람, 감수 활동을 통해 받는 수입, 비정기적인 모임 자체의 즐거움 등이 자발성에 영향을 주게 된다.

기본적인 문해력과 의사소통 능력도 요구된다. 기본적으로 글을 읽고 이해할 수 있어야 하는데, 여기서의 문해력은 높은 수준의 문해력을 의미하는 것은 아니다. 글은 알되 어려운 것이 많은 사람일수록 쉬운 정보가 더 쉽게 만들어지는데 기여를 한다. 또한 자신의 생각을 표현할 수 있어야 하고, 질문에 대한 기본적인 이해력도 수반되어야 하며, 일상에서 정보를 이해하고 활용하는 행위를 충분히 하고 있는 사람이 감수위원으로 적절하다.

모르는 것을 모른다고 이야기할 수 있는 솔직함도 중요하다. 다른 사람들이 모두 안다고 해서 부끄러움에 모르는 것도 안다고 하는 사람은 감수위원으로 적절하지 않다.

감수회의를 할 때는 3명~5명의 참여가 적절하다. 장애유형(지적장애, 자폐성장애) 성별을 고려하여 다양한 사람이 참여할 수 있도록 하며, 주제와 관련된 경험을 갖고 있는 사람이 있다면 함께 할 수 있도록 한다.

회의를 시작할 때는 감수하는 쉬운 정보의 취지와 배경을 설명하도록 한다. 어떤 목적과 용도로 만들어진 자료인지, 어떤 부분을 특별히 주의하여 살펴봐야 하는지 등을 공유한다.

회의시간은 2시간 이내가 적절하며, 1시간에 1번 이상 쉴 수 있도록 한다. 회의 장소는 집중이 가능한 환경이어야 하며, 회의 자료는 가급적 실제 제작되는 사이즈와 칼라 그대로 준비하도록 한다. 워크북, 서식 등 당사자가 직접 적으며 활용하는 자료의 경우 감수회의에서도 실제 적어보고, 교육 자료로 만드는 자료는 실제로 교육을 진행해 보는 것이 좋다.

감수회의 때 점검해야 할 사항은 〈표 3-7〉과 같다. 정보의 내용면에서 중요한 내용이 빠지지는 않았는지, 필요 이상으로 담은 내용은 없는지, 정보의 흐름은 이해에 도움이 되도록 구성 되었는지 등을 확인한다. 글, 이미지, 디자인을 정보 전달 측면과 가독성 측면에서 모두 점검하여 쉬운 정보의 내용과 형식의 완성도를 높이도록 한다.

〈표 3-7〉 당사자 감수회의 시 점검 사항

구분	점검사항
전반	- 추가적으로 제공해야 할 정보는 없는가? - 쉬운 정보에서 전달해야 할 핵심사항은 전달되었는가? - 목차 구성은 적절한가? - 정보의 양은 적절한가? - 정보의 흐름, 시각적 흐름에 방해되는 요소는 없는가?
글	- 문장의 뜻을 이해하는가? - 문장의 길이가 적당한가? - 이해하기 어려운 단어는 없는가? - 이해하기 어려운 기호는 없는가? - 전문용어, 한자어의 부연 설명은 적절한가? - 단어목록에 추가적으로 포함해야 할 단어는 없는가?
이미지	- 이미지가 전달하는 정보를 이해하는가? - 이미지가 강조하는 내용이 충분히 정보가 전달되는가? - 이미지에서 삭제하거나 수정해야 할 부분은 없는가? - 불필요한 이미지는 없는가?
디자인	- 구성이 빽빽하여 보기 불편하지는 않은가? - 폰트의 종류와 크기는 적절한가? - 줄 바꿈이 적절한 곳에서 이루어졌는가? - 강조한 정보가 중요하게 전달되는가?

감수할 때는 모든 사람에게 답변의 기회를 골고루 준다. 만약 답변을 적게 했거나, 답변할 타이밍을 계속해서 놓치는 사람이 있다면 가장 먼저 답변할 기회를 준다. 답변을 요구할 때는 충분히 생각할 시간을 주고 기다려야 한다. 필요한 경우 화이트보드나 종이에 글을 써서 부연 설명을 하고, 질문을 어려워할 경우 다른 표현으로 다르게 물어야 한다.

> **[덧붙이는 이야기]**
>
> 쉬운 정보 제작 경험이 쌓이다 보면 당사자 감수가 쉬운 정보의 '쉬운' 완성도를 높인다는 것을 확실히 알 수 있다. 제작하는 사람이 고려하거나 발견하지 못한 지점을 감수를 통해 날카롭게 지적하는 경우가 많기 때문이다. 독자의 관점에서 쉽다는 것만큼 완성도 높은 쉬운 정보는 없다. 따라서 쉬운 정보의 완성도에 고민이 되는 경우, 최대한 많은 발달장애인의 감수를 받을 것을 권한다. 만약 정보를 활용하는 사람이 소규모의 특정 집단일 경우(예를 들어, oo자조모임 멤버) 관련된 발달장애인이 감수 뿐 아니라 기획, 집필 등의 과정부터 참여한다면 더 유용한 정보가 될 것이다.

8절 쉬운 정보를 잘 활용할 수 있도록 지원하려면?

Hurtado et al.(2014)의 연구 결과에 따르면 발달장애인은 쉬운 정보를 보여주는 것 뿐 아니라, 함께 보며 읽어줄 때 더 큰 도움이 된다고 한다. 발달장애인 중 많은 사람들이 읽기에 어려움을 겪고 있기 때문에 청각 학습자 일 수 있으며, 문서 보다 구두로 습득한 정보를 이해하고 유지할 가능성이 높다고 가정한 것이다. 하지만 발달장애인에게 쉬운 정보를 읽거나 설명하는 것이 반드시 더 큰 이해를 보장하는 것은 아니다. Poncelas and Murphy(2007)는 시각 정보 외에 청각 정보를 추가로 전달하는 것은 오히려 정보 과부하로 인한 이해력 저하를 가져올 수 있다고 하였다. 이러한 모순된 연구 결과는 쉬운 정보가 개별적인 요구와 선호에 맞게 활용되어야 한다는 것을 강조한다(Scope, 2017).

쉽다는 것은 정보를 접하는 사람의 문해력과 경험에 따라 달라진다. 어떤 사람에게는 쉽게 읽히고 이해되지만, 반대로 어떤 사람에게는 어려운 일이 될 수 있다. 따라서 쉬운 정보를 '제작'하는 것 자체를 발달장애인 정보 접근 지원의 목표로 두는 것을 지양해야 한다. 정보 접근 지원을 위해 노력했다는 것에서 멈춘다면 쉬운 정보는 단순히 보여주기 식에 그치지 않으며, 발달장애인의 정보 접근권 및 알 권리에 기여하는 것은 매우 미미하다. 그렇다면 발달장애인이 쉬운 정보를 잘 활용할 수 있도록 지원하려면 어떻게 해야 할까?

쉬운 정보를 제공했을 때 스스로 읽고, 이해하고, 활용할 수 있는 발달장애인에게는 '쉬운 정보 제공'을 목표로 두어도 된다. 하지만, 쉬운 정보이지만 그 내용을 이해하고 활용하는 것이 어려운 발달장애인에게는 지원자가 그 발달장애인의 경험을 예로 들며, 그 사람이 이해할 수 있는 언어로 다시 설명, 교육해야 한다. 쉬운 정보가 발달장애인의 '알 권리'를 높이고, '정보에 기반한 자기결정'을 도우며, '경험의 확장'을 통해 삶을 풍요롭게 하는 도구로서 활용되어야 함을 늘 기억해야 한다.

[덧붙이는 이야기]
정보 활용에 주체성을 갖는다는 것은 어쩌면 삶에 있어서의 주체성을 갖는 것과 같은 의미일 수 있다. 타인에의 의존성을 줄이고, 나에게 필요한 정보를 선택·결정하는 것으로 나의 삶에서 주체성을 가질 수 있기 때문이다.
또한 그런 선택과 결정이 때로는 실패를 경험하게 하더라도, 그 경험 또한 삶을 풍성하게 하는 기재가 될 것이다.

4장

쉬운 정보를 제작하는
사람들에게 필요한 가치와 태도

▌ 쉬운 정보를 제작하는 사람들에게 필요한 가치와 태도

1절 삶의 경험을 확장하는 매개체로 쉬운 정보 활용하기

발달장애인에게 쉬운 정보는 정보를 알려주는 것 이상의 역할을 한다. 개인의 선호에 따라, 생애주기에 따라 사람은 다양한 경험으로 삶을 채워나간다. 그 경험이 새로운 자신을 발견하게 하며, 쌓인 경험은 정보를 이해하는 수준을 높이는 데 도움이 된다. 따라서 쉬운 정보는 발달장애인에게 그런 새로운 경험을 쌓는 기회를 제공하는 것이다.

사회적기업 소소한소통은 누구나 알 만한 생활 속의 평범한 주제를 정해 알리는 매거진을 만들고 있다. 이 매거진은 이해하기 쉬운 정보와 함께(inform) 다양한 경험의 기회를 안내하고(experience) 일상을 더 재미있게 보낼 수 있도록 (entertain) 기획·제작되고 있다. 실제 이 매거진을 구독하는 발달장애인은 매거진에서 제공한 정보를 직접 해 봄으로써 지식의 축적과 함께 새로운 경험에 대한 만족도를 표현하기도 한다.

이렇듯 쉬운 정보를 활용하는 것은 발달장애인의 인지적 측면 뿐 아니라 사회성과 감정, 사회적 유대감과 자존감을 높이는데도 긍정적 영향을 미친다(John Wiley&Sons Ltd., 2016).

실제 발달장애인을 위한 영상 콘텐츠를 제작할 때, 발달장애인 당사자에게 원하는 영상의 주제를 조사하면 기존에 경험해 본 것 보다, 새로운 것에 대한 호기심과 욕구가 많은 것을 알 수 있다. 다꾸(다이어리 꾸미기), 연애, 여행, 화장하기 등 20~30대 비장애인들이 즐기는 것들에 똑같이 관심을 갖고 있고, 유튜브 크리에이터 등 최신의 트렌드에 대한 호기심을 동일하게 갖는 것이다.

따라서 발달장애가 가진 결핍이나 부족 등에 집중하기보다 생애주기의 변화에 따라 갖게 되는 관심과 욕구에 대해 경험할 수 있는 기회를 동일하게 제공해야 하며, 쉬운 정보가 그 도구로 적절히 활용될 수 있어야 한다.

2절 쉬운 정보의 '방향과 가치'에 대한 관심 갖기

발달장애인이 쉽게 이해할 수 있는 정보를 만드는 것은 단순히 글자를 크게 하고 그림이나 기호를 넣는 것 이상의 일이다. 실제 정보를 활용할 발달장애인이 제작 과정에 함께 참여하여 더 쉽고 유용한 정보를 만드는 것이며, 정보를 이해하는 방법을 함께 고민하고 노력하는 과정이다. 따라서 쉬운 정보를 만드는 것은 빠르게 해치울 수 없으며, 동시에 정답도 없는 일이다(Mencap, 2010: 12).

물론, 쉬운 정보의 형식을 갖추는 것은 크게 어렵지 않다. 문장을 짧게 하고, 고딕 계열의 큰 글자를 사용하며, 글에 어울리는 이미지를 활용하고, 정보를 편하게 활용할 수 있는 제본형식과 종이를 선택하는 것 등은 현재 마련되어 있는 국내·외의 가이드를 보면 쉽게 시도할 수 있는 일이다.

하지만 진정한 의미의 쉬운 정보는 '외형'에 있지 않다. 문장의 길이나 글자 크기 등은 쉬운 정보의 형태를 갖추기 위함이다. 정보로서 '의미'가 쉬워지기 위해서는 문장의 구조, 문법, 어휘의 난이도, 그리고 이미지가 전달하는 의미 등이 중요하다.

내용이 쉬워지기 위해서는 정보를 활용할 발달장애인에 대한 이해와 관심 그리고 탐색에서부터 시작해야 한다. 어떤 정보가 필요할지, 해당 정보와 관련된 경험은 있을지, 정보를 통해 꼭 알아야 하는 것은 무엇이며, 어느 정도 수준의 정보를 쉽다고 느낄지 등 독자에 대한 분석에서부터 쉬운 정보의 제작 과정이 시작된다.

하지만 현재 국내에서 유행처럼 번지는 쉬운 정보의 경우 일부 그 의미가 퇴색되어 '외형'에만 집중되는 경향이 있다. 또한 쉬운 정보가 구체적으로 무엇이며, 어떠한 방향과 관점, 가치를 가지고 만들어야 하는지 사회적 합의가 없는 상황에서 쉬운 정보 제작 전문가 양성 교육 등이 실시되면서 잘못된 방향으로 확산되지 않을지 우려된다.

쉬운 정보에 대한 사회적 관심과 노력의 양이 확대되는 것은 반가운 일이나, 발달장애인의 알 권리를 위한 목적으로 존재하는 것만큼 속도 보다는 바른 방향으로 나아가는 것이 필요한 시점이다.

복잡한 정보를 이해하기 쉽게 바꾸는 것은 긴 시간이 필요한 만큼 큰 보상이 있는 일이다. 발달장애인은 쉬운 정보를 통해 정보에 입각한 선택을 하고, 어떠한 상황에 대해 깊게 이해할 수 있는 권한을 부여 받기 때문이다. 발달장애인을 지원하는 사람들은 이러한 쉬운 정보의 의미와 가치를 알고, 발달장애인에게 쉬운 정보가 자기옹호의 도구로 활용될 수 있도록 노력해야 하며, 발달장애인의 개별적 의사소통 요구에 대한 관심이나 적절한 지원 없이 쉬운 정보가 '상징적'인 의미로 활용될 경우 오히려 발달장애인의 정보 접근 권리를 침해할 수 있다는 것을 인지해야 한다.

3절 발달장애인을 중심에 둔 쉬운 정보 제작하기

유네스코(UNESCO)는 정보 접근에 대한 사회적 관심을 촉구하기 위해 지난 2015년 9월 28일을 '세계 보편적 정보 접근의 날(International Access to Information Day)'로 선포하였고, 유엔총회가 2019년 결의안을 채택하여 공식적인 기념일로 제정되었다. 이러한 국제적 변화의 흐름에 맞추어 우리나라 또한 정보 접근의 보편성에 관심과 감수성을 가져야 하며, 특히 아직까지 시·청각장애인 중심의 정보 접근이 이루어지는 우리 사회에서 발달장애인을 지원하는 사람들의 관심과 노력이 필요하다.

본 연구보고서는 이러한 문제의식에서 발달장애인을 지원하는 사람들을 위해 만들어졌다. 발달장애인의 알 권리와 자기결정권을 높이기 위해 쉬운 정보가 지녀야 할 중요한 가치와 방향을 공유하고, 중요한 논제를 풀어나갔다.

쉬운 정보는 정답이 있는 것이 아니며, 정보를 접하는 모두에게 쉬울 수도 없다. 필요 시 인적 지원이 함께 수반되어 발달장애인의 인지 수준과 경험을 고려하여 그에 맞는 언어로 구두 설명이 함께 제공되어야 한다.

또한 쉬운 정보는 글을 읽을 수 있는 기본적인 문해력을 갖춘 발달장애인에게 유용하며 중증의 발달장애인에게는 그에 맞는 정보 접근을 지원해야 한다. 발달장애인을 지원하는 사람들은 쉬운 정보만으로 발달장애인의 정보 접근 권리를 완벽히 보장할 수 없음을 기억해야 한다.

이 보고서를 통해 발달장애인을 지원하는 사람들은 쉬운 정보 제작을 시도할 수 있을 것이다. 기존의 정보가 발달장애인에게 비인권적이었다는 것을 깨달았다면, 그것만으로도 쉬운 정보 제작 과정이 한결 가볍고 수월하게 느껴질 것이다. 하지만 쉬운 정보에 있어서 가이드는 어디까지나 방향을 제시하는 방향키의 역할 뿐이지, 지침이나 규칙이 아님을 기억해야 한다.

영국의 Mencap(2002)은 "쉬운 정보에 정답은 없다. 쉬운 정보를 제작하는 과정에서 겪는 실수로부터 배우고 깨달으며, 쉬운 정보를 차츰 더 쉽게 만들 수 있게 된다." 라고 하였다. 쉬운 정보 제작 과정에서 중요한 관점과 태도, 가치를 바르게 유지하는 것에 집중하고, 결과적으로 만들어진 정보가 '정말 쉬운가?'라는 질문에는 독자인 발달장애인에게서 답을 찾기를 바란다.

마지막으로 쉬운 정보를 제작하는 전 과정에서 우리는 늘 다음의 질문을 던지고 대답해야 하는 것을 잊지 말자. '쉬운 정보는 누구를 위한 정보인가? 그 사람은 어떤 경험을 했으며, 어떤 정보를 필요로 할 것인가?'

부록

Easy Read Version
: 쉬운 정보에 대한 여덟 가지 질문

Easy Read Version: 쉬운 정보에 대한 여덟 가지 질문

1. 쉬운 정보는 누구에게 필요한가요?

- 쉬운 정보는 전문용어, 한자어, 외래어 등을 이해하기 어려운 사람에게 필요
  합니다.

- 쉬운 정보는 발달장애인, 어린이, 노인, 외국인 등에게 필요합니다.

- 발달장애인 중 글을 읽고 이해하는 것이 어려운 사람에게는 쉬운 정보가 아닌
  다른 지원이 필요합니다.
  (그림 자료 보여주기, 사람이 직접 설명하기)

2. 어떤 주제를 쉬운 정보로 만들어야 하나요?

- 정보에는 꼭 알아 두어야 하는 정보와 사람에 따라 알고 싶어 하는 정보, 2종류가 있습니다.

- 발달장애인이 필요할 때 언제든 볼 수 있도록 2종류 모두 쉬운 정보로 만들어져야 합니다.

- 우리나라에서 쉬운 정보를 만드는 대표적인 기관은 3곳이 있습니다.
  (서울시읽기쉬운자료개발센터, 소소한소통, 피치마켓)

- 3개 기관에서 만든 자료를 보면 권리에 대한 정보, 반려동물과 생활하는 법, 직장생활 잘하는 법, 소설책 등 다양한 주제가 있습니다.

- TV 뉴스, 여가생활 정보, 교통 정보 등
  평소에 보게 되는 정보가 정말 많죠?

- 대중교통 이용 방법, 병원 이용 방법 등
  궁금한 정보도 많고요.

- 이런 모든 정보가 쉽게 만들어져야 합니다.
  만약 이 중에서 중요한 것부터 먼저 만들어져야 한다면 안전과 권리에 필요한 정보입니다.

- 내가 받을 수 있는 서비스를 몰라서 못 받는 일이 없도록, 건강 관리하는 법을 잘 몰라서 건강이 나빠지지 않도록 말이죠.

3. 어떤 게 쉬운 건가요?

- 쉽다는 것은 사람마다 생각과 기준이 다릅니다.

- 예전에 배운 내용인지, 어려운 단어를 이해하는지, 관련된 경험을 직접 해봤는
  지에 따라 쉬운 정도가 다르기 때문입니다.

- 따라서 쉬운 정보는 정해진 답이 없다고 합니다. 대신 발달장애인을 위한 쉬운
  정보를 만들 때 2가지 노력을 해야 합니다.

- 첫 번째는 정보를 활용할 발달장애인의 특성, 경험을 확인하고 그에 맞추어 만
  드는 것입니다.

  요새 코로나19로 '줌'이라는 걸로 회의를 많이 하는데요. '줌 사용법'을 알려
  주는 책을 만들 때, 발달장애인이 '줌'을 사용해 봤는지, 스마트폰 사용을 잘
  하는지, 주변에 사용법을 도와줄 사람이 있는지 미리 알아보고 그에 맞춰 책을
  만드는 것이죠.

- 두 번째는 쉬운 정보를 만드는 과정에 발달장애인이 직접 참여하는 것입니다.
  쉬운 정보에 들어갈 내용을 정하는 일,
  쉬운 글을 쓰거나 필요한 그림을 그리는 일,
  쉬운 정보를 인쇄하기 전에 정말 쉬운지 확인하는 일에 발달장애인이 참여할
  수 있습니다.

  발달장애인이 참여하면 더 쉽게 만들 수 있습니다.

4. 어떤 단어를 사용해야 하나요?

- 쉬운 정보에서는 전문용어, 한자어, 외래어는 가급적 사용하지 않습니다.

- 하지만 사람들이 자주 사용하는 전문용어, 한자어, 외래어는 바꾸지 않고 사용
  합니다. 대신 그 의미가 무엇인지 쉽게 설명합니다.

- 정보를 아는 것도 중요하지만
  다른 사람과 함께 살아가는 것도 중요하기 때문에
  어렵다고 모두 바꾸지 않습니다.

- 권리, 개인정보라는 단어는 한자어에 뜻도 어렵지만
  일상에서 자주 사용하기 때문에 바꾸지 않습니다.

- 스마트폰, 홈페이지라는 표현은 외래어지만
  일상에서 자주 사용하기 때문에 바꾸지 않습니다.

- 복지기관 이용할 때 자주 사용하는 사례관리, 초기 등의 표현은
  다른 쉬운 표현으로 바꾸어 사용하는 것이 좋습니다.

5. 어떤 이미지를 어디에 사용하나요?

- 쉬운 정보에는 그림과 사진을 주로 사용하는데,
  무엇을 표현하는지에 따라 그림, 사진을 선택해 사용합니다.

- 어떤 책에서는 상징을 사용하라고도 하지만,
  상징은 의미를 이해하는 데 어려움이 있을 수 있습니다.
  화장실, 비상구와 같은 상징은 널리 알려져서 쉽습니다.
  그 밖에 자주 사용하지 않은 상징은 쉬운 정보에 사용하지 않는 게 좋습니다.

  * 상징 : 특정 의미, 사물을 기호나 그림으로 표현한 것

- 그림은 여러 사람이 어떤 행동을 하거나,
  발달장애인이 직접 경험해 보지 못한 일을 설명할 때 사용합니다.
  그림을 사용할 때는 장애나 성별이 바르게 표현되었는지 중요합니다.
  나쁜 일을 하는 사람을 모두 남자로만 표현하는 것,
  장애인을 모두 못 생기게 표현하는 것은 잘못된 것입니다.

- 사진은 특정 인물, 장소, 사진을 설명할 때 사용합니다.
  예를 들어, 대통령에 대해 이야기할 때 대통령 얼굴을 그리는 것 보다
  대통령의 얼굴 사진을 사용하는 게 좋습니다.

  사진에 있는 정보 중에 중요한 것을 강조할 때는
  화살표, 동그라미, 선 등을 사용합니다.

6. 쉬운 정보만의 디자인 방식이 있나요?

- 글자를 왼쪽으로 맞춥니다(왼쪽정렬).
  문장이 길 때는 의미가 나눠지는 곳에서 줄을 바꿉니다.
  이 때 단어가 끊어지지 않도록 조심해야 합니다.

- 줄과 줄 사이를 넓게 하여 보기 편하게 하고
  쪽수를 넣어서 편하게 볼 수 있도록 합니다.

- 글자체는 2종류 까지만 사용하고
  글자의 크기를 크게 합니다. (한글 폰트 크기로 12~14 정도)

- 중요한 것을 강조할 때는 글자를 크게 하거나 굵게 합니다.
  글자에 그림자를 넣거나, 비스듬하게 바꾸는 것은 오히려 보기 어렵습니다.

7. 당사자 감수는 어떻게 하나요?

– 쉬운 정보에서 당사자의 감수는 매우 중요합니다.

　*감수 : 글이 이해하기 쉬운지, 그림과 사진이 알맞게 쓰였는지 확인하는 것

– 발달장애인 당사자가 직접
추가적으로 넣어야 할 정보가 있는지,
빼야할 정보가 있는지 확인 하는 일부터
글과 그림, 사진이 잘 이해가 되는지 검토하는 일을 합니다.

– 보통 3명~5명 정도의 발달장애인이 모여 회의를 하는 방식으로 진행됩니다.

– 회의는 1번에 2시간을 넘지 않고
1시간에 1번 넘게 쉬면서 합니다.

– 회의 장소는 집중이 잘 되도록 조용하고 편안한 곳이어야 합니다.

– 회의에 참석하는 사람은 글을 읽고 이해할 수 있어야 합니다.
하지만 어려운 표현까지 모두 이해해야 하는 것은 아닙니다.

　모르는 것을 모른다고 솔직하게 이야기할 수 있어야 합니다.

　무엇보다, 스스로 원해서 회의에 참여하는 사람이 좋습니다.
감수하고 받는 수당(돈)이 필요해서,
다른 사람들과 모이는 활동이 좋아서,
감수하는 일이 보람되어서 등의 이유로 즐겁게 참여해야 실제 도움이 됩니다.

8. 쉬운 정보를 잘 활용하려면 어떻게 해야 하나요?

- 어떤 사람은 쉬운 정보를 보고 혼자 이해할 수 있습니다.
  또 어떤 사람은 쉬운 정보가 쉽지 않고 어려울 수 있습니다.
  어려운 사람에게는 그 사람이 이해할 수 있는 표현으로
  추가적인 설명을 해주어야 합니다.

- 쉬운 정보를 만들었다고 끝나는 것이 아니라,
  한 사람 한 사람에게 맞는 방법으로 사용할 수 있게 도와줘야 하는 것이죠.

참 고 문 헌

1. 국내 문헌

강정배. 2015. 발달장애인 정책정보 접근성 제고에 관한 연구. 한국장애인개발원·
　　　보건복지부.

김경양. 2019. 읽기 쉬운 자료 제작 전문가 양성 심화교육과정 교재개발연구.
　　　부산장신대학교 산학협력단·전국장애인부모연대.

김용득·성명진·백정연·손다진. 2018. 발달장애인 방송접근권 제고. 성공회대학교
　　　산학협력단·시청자미디어재단.

대구피플퍼스트. 2018. 발달장애인 자기권리옹호 및 지원체계 모색. 뉴질랜드 국제
　　　연수 보고회 자료집.

서울시읽기쉬운자료개발센터. 2018. 발달장애인이 읽기 쉬운 자료 제작 안내서.

성명진. 2019. 발달장애인의 탈시설 과정

손지영·고혜정·조영희. 2018. 읽기 쉬운 자료 제작 가이드라인 및 전문가 양성 교육
　　　과정 개발 연구. 대전대학교 산학협력단·전국장애인부모연대.

손지영·이정은·서선진. 2013. 발달장애인용 쉬운 책 개발. 청주대학교 산학협력단·
　　　국립장애인도서관.

여광응. 2013. 정신지체아의 심리학적 이해. 도서출판 특수교육.

충청북도종합사회복지센터. 2017. 장애인 정책정보 접근성 향상을 위한 토론회
　　　자료집.

한국장애인개발원. 2019. 2019 상반기 KODDISSUE 국내외 장애인정책 동향.

한국지적발달장애인복지협회. 2015. 발달장의 이해와 의사소통 지원하기.

한국지적발달장애인복지협회. 2017. 발달장애인을 위한 쉽게 접근할 수 있는 정보
　　　만들기-읽기 쉬운 문서 만들기 안내서 2017 개정판.

2. 해외 문헌

Access Easy English. 2019. *Everyday words. What does it mean for accessible written documents?*

CHANGE. 2016. *How To Make Information Accessible.*

Deborah Chinn BA, Dip Clin Psych, PhD, Claire Homeyard RM, BSc(Hons),, MSc. 2016. "Easy read and acessible information for people with intellectual disabilities : Is it worth it? A meta-narrative literature review" *Health Expectations.* 2017;20:1189-1200.

Hurtado, B., Jones, L., & Burniston, F. (2014). Is easy read information really easier to read? *Journal of Intellectual Disability Research, 58*(9), 822-829.

ILSMH European Association. 1998. *Make it Simple.*

John Wiley & Sons Ltd., 2016. *Easy read and accessible information for people with intellectual disabilities: Is it worth it? A meta-narrative literature review*

Karreman, J., van der Geest, T., & Buursink, E. (2007). Accessible website content guidelines for users with intellectual disabilities. *Journal of Applied Research in Intellectual Disabilities, 20*(6), 510-518.

Mencap. 2002. *Am I making myself clear?*

Mencap. 2010. *Making written information easier to understand for people with learning disabilities.*

North Yorkshire County Council. 2017. *A guide to producing written information in easy read.*

Office for Disability issues. 2011. *Make your communication more accessible*

People First New Zealand. 2017. *Make it clear.*

Poncelas, A., & Murphy, G. (2007). Accessible information for people with intellectual disabilities: do symbols really help? *Journal of Applied Research in Intellectual Disabilities, 20*(5), 466-474.

Scope. 2007. *Easy English Writing Style Guide.* Scope : Sydney.

Scope. 2013. *Clear Written Communications.* Scope : Sydney.

Scope. 2017. *Accessible written information resources for adults with intellectual disability: compiling the evidence to inform good practice.* Scope : Sydney.

3. 참조 홈페이지

뉴질랜드 오피스 포 디스어빌리티 이슈(Office for Disability Issues)
    https://www.odi.govt.nz/guidance-and-resources/a-guide-to-m
    aking-easy-read-information/

뉴질랜드 피플퍼스트 https://www.peoplefirst.org.nz/

서울시읽기쉬운자료개발센터 http://www.easy-read.or.kr/

소소한소통 http://sosocomm.com/

영국 접근성 지침

https://www.gov.uk/government/publications/inclusive-communication/a
    ccessible-communication-formats#accessible-print-publications

유네스코 디지털 도서관 https://unesdoc.unesco.org/ark:/48223/pf0000235297

체인지피플 https://www.changepeople.org/

피치마켓 https://www.peachmarket.kr/

한국지적발달장애인복지협회 http://kaidd.or.kr/main/

호주 스코프 https://www.scopeaust.org.au/

호주 인포메이션 액세스그룹 (The information Access Group)

　　　https://www.informationaccessgroup.com/

호주 접근성 정책 치짐

　　　https://www.accessibility.sa.gov.au/policy/easy-read-online-accessibility-policy

성공회대학교 시민사회복지대학원 전문연구보고서

쉬운 정보(easy read)에 대한 여덟 가지 질문
- 발달장애인을 지원하는 사람과 나누는 이야기

초판1쇄 인쇄 2021년 1월 22일 / 초판1쇄 발행 2021년 1월 22일

펴낸곳 | EM실천
주 소 | 서울시 금천구 가산동 서부샛길 648 대륭테크노타운 6차 1004호
전 화 | 02)875-9744 팩스 | 02)875-9965 e-mail | em21c@hanmail.net

ISBN : 979-11-960753-6-1 (03000)